Alles ist zum Basteln da!

Über 300 Ideen für kleine und große Hände

Inhaltsverzeichnis

Alles ist zum Basteln da: Papier, Perlen, Wolle, Stoff, Knete, Naturmaterialien und Farben ebenso wie leere Pappröhren, Dosen, Gläser und vieles mehr, das sonst wenig beachtet oder weggeworfen wird. Aus alledem lässt sich mit viel Fantasie und etwas handwerklichem Geschick Schönes und Nützliches zum Verschenken und Selberbehalten machen.

Dieser Ideenschatz ist unerschöpflich und wird dich viele Jahre begleiten: Ob zum Geburtstag, als Osterüberraschung, Weihnachtsgeschenk oder einfach aus Freude am Selbermachen, für jede Gelegenheit findest du hier die passende Anregung. Manche der über 300 Ideen sind eher etwas für verträumte Mädchen, andere gefallen vor allem wilden Kerlen. Einiges können schon Fünfjährige, anderes spricht Ältere an. Jedes der 47 Themen ist einfallsreich variiert, um dir die Möglichkeiten aufzuzeigen. Du kannst die Basteleien wie abgebildet nachbasteln, in Farbigkeit und Material variieren oder du stellst verschiedene Designs, die dir gefallen, neu zusammen und erschaffst so deine ganz eigenen Kreationen.

Neben der Ideenvielfalt bietet dir das Buch tolle Extras: die besten 17 Basteltipps aus meiner Designwerkstatt, bebilderte Schritt-für-Schritt-Anleitungen, die dir schnell zeigen, wie's geht, und einen Blitzfinder mit den 7 x 7 besten Ideen für Geschenke und Dekorationen.

Ich wünsche dir ebenso viel Spaß beim Basteln und Designen wie ich bei meiner Arbeit habe!

Deine Pip Pedevilla

Deine Grundausstattung

Diese Materialien und Hilfmittel brauchst du für fast alle Projekte:

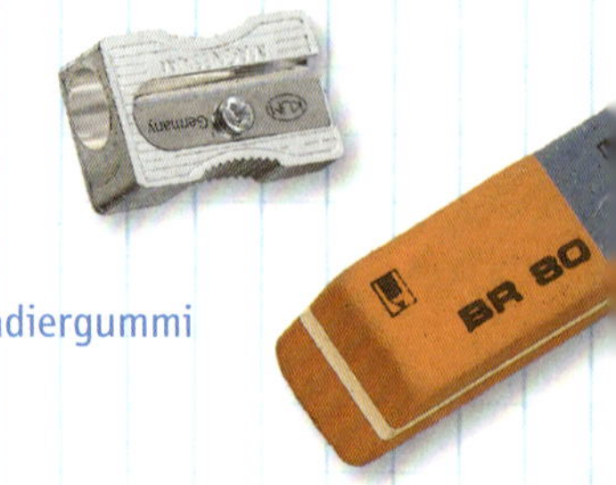

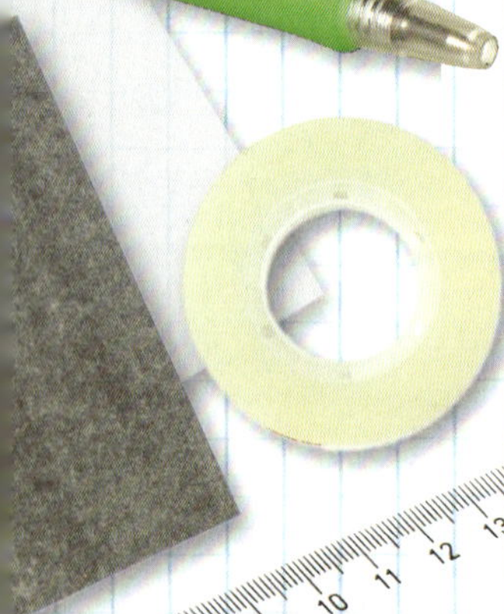

Festes Transparentpapier, Bleistift, Grafitpapier, Klebefilm und Kugelschreiber für Schablonen und zum Übertragen von Vorlagen

Anspitzer und Radiergummi

Prickelnadel zum Stechen von Löchern

Nadel und Nähgarn zum Anbringen von Aufhängungen

Wattestäbchen für Punkte und Korrekturen

Lineal, Geometriedreieck zum Messen und Zeichnen

Borsten- und Haarpinsel zum Malen

Schaschlikstäbchen helfen beim Bemalen, Kleben und Kringeln von Papier und Draht

Bastelschere und Nagelschere (für kleine Formen und Rundungen)

Buntstifte, Filzstifte (wasserfest bei Holz & Co) und weißer Lackmalstift zum Gestalten der Gesichter und Malen von Mustern. Mit Buntstiften lässt sich auch schattieren

Alleskleber und Klebestift kleben fast alles. Abstandsklebekissen (gibt es auch als Band) sind beidseitig klebende Schaumstoffpads für plastische Effekte

Das 1-2-3 des Bastelns

1 Lege vor dem Basteln die benötigten Materialien bereit, die unter „Das brauchst du" aufgelistet sind. Zusätzlich brauchst du bei fast allen Projekten die auf dieser Seite gezeigten Hilfsmittel. Decke deinen Arbeitstisch mit Zeitungspapier ab, um Farbspritzer und Kleberflecken zu vermeiden.

2 Lies zu Beginn die Arbeitsschritte genau durch und befolge sie in der angegebenen Reihenfolge. So musst du nicht unnötig warten, bis Kleber und Farben getrocknet sind.

3 Räume nach dem Basteln deine Materialien immer wieder an ihren Platz. Das freut nicht nur deine Eltern, sondern hilft dir auch, beim nächsten Mal alles schnell wiederzufinden und rasch mit einem neuen Projekt starten zu können!

Hinweis: Die Projekte in diesem Buch sind unterteilt in

● ○ ○ leicht ● ● ○ mittel ● ● ● für Geübte

Das Zeichen „ø" bedeutet Durchmesser.

Schablonen machen

Pause die Vorlagen ohne Überschneidungen auf festes Transparentpapier ab und schneide sie aus. Fertig sind die Schablonen.

Vorlage übertragen

Lege die Schablone auf das ausgewählte Material und umfahre sie mit einem weichen Bleistift. Oder du paust die Vorlage mit Grafitpapier durch (beschichtete Seite nach unten).

Motiv ausschneiden

Schneide die Motive mit einer Schere aus. Kleine und abgerundete Formen lassen sich leichter mit einer kleinen Nagelschere schneiden.

Schattieren

Du brauchst einen etwas dunkleren Buntstift, auf gelbem Papier zum Beispiel Orange, und malst vom Rand aus erst mit mehr, dann mit weniger Druck. Oder du nimmst Buntstiftabrieb, den du mit einem Finger aufstreichst.

Meine besten Tipps

Karomuster zeichnen

Zeichne ein ca. 1 cm großes Karomuster auf und setze dann mit einer anderen Farbe Linien dazwischen. Erst dann das Motiv ausschneiden.

Muster malen

Das Muster vor dem Ausschneiden des Motivs mit Bunt- oder Filzstiften aufmalen. Bei dunklen Papieren statt Filzstiften Dekomarker/Lackmalstife verwenden (aus Hobbyfachhandel).

Drahtspiralen / Papierlocken

Wickle das Material eng um ein Stäbchen oder einen Bleistift (Wellpappestreifen entgegen dem Rillenverlauf zuschneiden). Draht nach dem Abstreifen etwas auseinanderziehen; Papier kurz festhalten, dann aufspringen lassen.

Glitzerverzierungen

Farbige Glitzerstifte malen und kleben auf Papier, Holz, Stoff und vieles mehr. Oder du nimmst transparenten Glitterkleber zum Festkleben von farbigem, losem Glitter.

Papier wölben

Für plastische Effekte ziehe Papierteile wie Ohren oder Blütenblätter über ein Falzbein oder einen (runden) Stift.

Augen und Punkte

Gleichmäßig runde Punkte erhältst du, indem du Farbe mit einem Rundholz aufsetzt oder sie mithilfe einer Lochschablone mit Filzstift aufmalst.

Gesichter übertragen

Zeichne die abgepausten Linien auf der Rückseite mit einem weichen Bleistift (2B) nach. Dann das Papier wieder wenden, auflegen und alle Linien mit einem harten Bleistift (2H) nachziehen.

Motive rahmen

Klebe das Schild oder Bild auf ein etwas größeres Stück Papier oder Karton und schneide es rundum mit einem ca. 2 mm breiten Rand aus (mit Schere oder Schneidemaschine).

Motive zusammenkleben

Verwende lösungsmittelfreien Klebstoff für alle Papierarbeiten. Etwa 30 Sekunden antrocknen lassen, dann zusammendrücken. Plastischer wirkt es mit Abstandsklebekissen.

Liebevoll verzieren

Vor dem Aufkleben von Knöpfen Garn in den Knopflöchern vernähen. Zum Ankleben von Perlen Klebstoff auf das Drahtende geben, dann die Perle aufstecken.

Motive ausstanzen

Zum Stanzen mit dem Motivlocher solltest du leichtes Tonpapier verwenden. Auch wenn du kleine Motive ausschneiden möchtest, ist Tonpapier besser als Fotokarton.

Löcher stechen

Stich Löcher, zum Beispiel für Aufhängungen, mit einer Prickelnadel oder Zirkelspitze vor und weite sie dann mit einem Schaschlikstäbchen oder einem Zahnstocher.

Papiere bemalen

Bemale Papiere mit ganz wenig Farbe (an einem Küchentuch abstreifen) mit Pinsel oder Zahnbürste, dadurch erhalten sie mehr Textur.

Gesichter bemalen

Male die Gesichtslinien mit Bunt- und Filzstiften auf. Die Augen werden mit Filzstiften gemalt. Setze Lichtpunkte mit Lackmalstiften hinein, dann wirken sie lebendiger. Die Wangen lassen sich mit einem Wattestäbchen mit etwas Buntstiftabrieb röten. Schabe dafür mit einem Bleistiftspitzer oder einem Messer etwas Farbe von der Buntstiftspitze ab oder reibe die Stiftspitze über Schmirgelpapier.

Gesichtsausdrücke kannst du durch die Mund- und Augenform blitzschnell verändern. Erkennst du, welche der Papierlinsen fröhlich und welche frech, gleichgültig, zornig oder traurig ist?

Basteln mit Papier & Co

So bunt wie die Materialien in deiner Bastelkiste sind die Ideen auf den folgenden Seiten. Ob farbenfrohe Tischdeko, witzige Geschenkverpackungen, bunter Fensterschmuck, Spielzeug oder Praktisches und Dekoratives für dein Kinderzimmer – bei allem spielt Papier eine wichtige Rolle.

Papier ist das Material, mit dem ich auch als Designerin hauptsächlich arbeite. Sogar Entwürfe für Holzspielzeug und Stoffobjekte bastle ich gerne zuerst aus Papier, denn Ideen lassen sich damit schnell umsetzen. Und wenn man es mit Buntstiften bemalt und mit Abstandsklebekissen zusammenfügt, wirkt Papier schön plastisch.

Gabriel (5 Jahre)

Bunte Tischdekoration

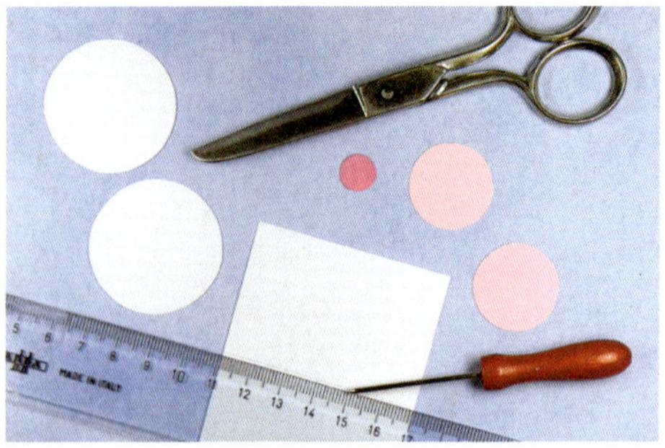

1 So werden die Mäuschen-Tischkarten gemacht: Schneide alle benötigten Motivteile aus. Die Ohren sind aus Tonpapier, so lassen sie sich leichter biegen. Drücke die Mittellinie der Karte mithilfe von Prickelnadel und Lineal ein, damit du sie leichter falten kannst.

2 Zeichne dann das Gesicht mit Bunt- und Filzstiften und klebe die Nase auf. Die Innenohren erhalten kleine Filzstiftpunkte. Klebe sie nur im unteren Bereich auf die Ohren.

3 Schneide die Karte am Falz auf beiden Seiten etwas ein, stecke die Ohren ein und klebe sie fest. Für den Schwanz rollst du einen schmalen Wellpappestreifen (Rillenverlauf beachten!) um ein Schaschlikstäbchen. Halte ihn ein paar Sekunden, bevor du ihn wieder aufspringen lässt. Klebe den Schwanz an das Schild und beschrifte es nach Belieben.

Das brauchst du:

- Tonpapier
- Fotokarton
- Wellpappestreifen, 3 mm breit

Vorlagen Seite 120 / 121

Auf Seite 13 ist für jeden Anlass etwas dabei. Die TISCHKARTEN werden genauso wie oben beschrieben gemacht: Die Motivteile einfach an die gefaltete Karte kleben. Schön plastisch wirken die Gesichter, wenn du Augen und Nasen mit Abstandsklebekissen aufsetzt.

Auch ein EIERBECHER ist schnell gemacht: Male das Gesicht auf den Papierstreifen und klebe diesen zum Ring. Nun nur noch die Ohren und die Nase ankleben, fertig.

TISCHLICHTER zaubern im Nu eine festliche Stimmung. Hübsch ist es, wenn du die Metallhülle vorher mit einem gleich hohen Papierstreifen umklebst.

CAROLINA

Zwischen den BLUMENKETTEN fühlt sich Henne Hilda besonders wohl.
Schneide die Blüten und Blätter aus Fotokarton oder Tonpapier aus. Den Faden klebst du immer zwischen zwei gleich- oder verschieden große Formen.
Manchmal kannst du auch Eier und Perlen dazwischenfädeln. Um den Faden durch die Eier zu ziehen, brauchst du eine Häkelnadel, eine lange Nadel oder einen selbst gebogenen Drahthaken. Damit die Perlen an der gewünschten Stelle am Faden hängen bleiben, gib etwas Klebstoff darauf.
Schmücke die Kette noch mit halben Holzperlen (ø 8 mm). Man kann Holzperlen mit einem Cutter in der Mitte teilen, lass das aber bitte einen Erwachsenen machen!

Die PLASTIKEIER betupfst du mit einem breiten Borstenpinsel mit Farbe. Spieße sie dazu am besten auf Schaschlikstäbchen. Die Punkte druckst du nach dem Trocknen mit dem stumpfen Ende eines Schaschlikstäbchens auf.

Blumen und Frühlingsfreuden ...

Henne Hilda

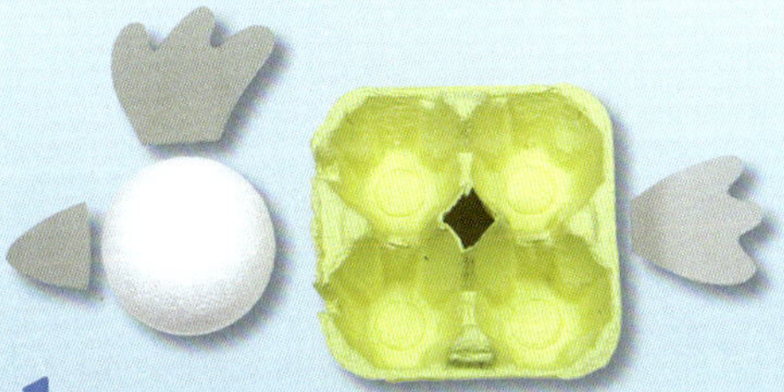

1 Schneide alle Motivteile aus Karton aus. Zum Einstecken von Kamm und Schnabel schneide mit einem Küchenmesser Schlitze in die Styroporkugel. Die Schwanzfeder klebst du an die Eierschachtel.

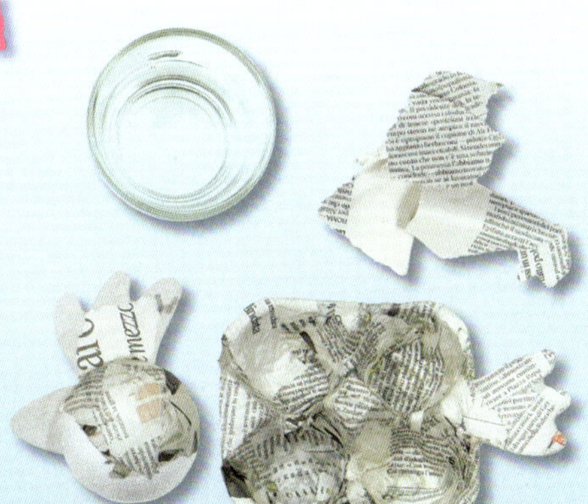

2 Beklebe dann Kopf und Körper mithilfe von Tapetenkleister mit Zeitungspapierschnipseln, das nennt man „kaschieren". Gut trocknen lassen.

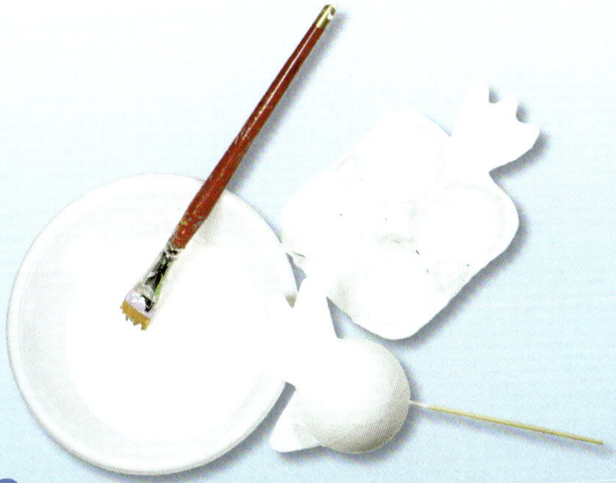

3 Stecke nun den Kopf auf ein Schaschlikstäbchen, so kannst du ihn leichter bemalen. Bemale Kopf und Körper deckend mit weißer Farbe. Wieder trocknen lassen.

Das brauchst du:

- Styroporkugel, ø 7 cm
- 4er-Eierschachtel
- Zeitungspapier
- Tapetenkleister
- fester Karton
- Acrylfarben
- Küchenmesser

Vorlagen Seite 121

4 Nun bemale Kamm und Schnabel mit Acrylfarbe und male die Augen mit einem wasserfesten Marker auf. Der Schnabel sieht plastischer aus, wenn du in die nasse, gelbe Farbe am Rand noch etwas Orange gibst. Die Punkte auf dem Kamm mit dem stumpfen Ende, die Lichtpunkte in den Augen mit dem spitzen Ende des Schaschlikstäbchens (oder einem Lackmalstift) aufsetzen.

Geschenkverpackungen

Das brauchst du:

- Pappröhre (aus Toilettenpapierrolle)
- Wellpappe
- Fotokarton
- Seidenpapier
- Tonpapier und Motivlocher
- Papierkordeldraht
- Wattekugeln, ø 1,5 cm
- Gummiringe

Vorlagen Seite 121

1 Wenn du einen Behälter machen möchtest (Hase und Nikolaus), klebe einen Boden an die Pappröhre. Setze diese dazu auf die Rückseite der Wellpappe, zeichne den Umriss auf und schneide den Kreis aus. Bestreiche dann den Rand der Pappröhre mit Klebstoff und drücke den Boden an (Rillen nach außen).

2 Ummantle die Pappröhre mit einem Wellpappe-Rechteck, das die Höhe der Klorolle hat und lang genug ist, um herumzureichen. Beachte den Rillenverlauf! Klebe das Rechteck fest und fixiere es zum Trocknen mit Gummiringen. Schneide inzwischen die anderen Motivteile aus Fotokarton aus.

Häschen Hüpf ... und seine Freunde ....

3 Als Nächstes gestaltest du das Gesicht mit Filz- und Buntstiften. Wenn du magst, kannst du noch Verzierungen aus Tonpapier ausstanzen.

4 Reiße dann das Seidenpapier in viele kleine Schnipsel und knülle sie zusammen. Diese Knöllchen nimmst du für die Haare, als Knöpfe, Blütenmitten etc.

5 Bemale die Wattekugeln mit einem Filzstift und klebe Papierkordelstücke in die Löcher. Die anderen Kordelenden klebst du in die Papprōhre. Bei Behältern stich zwei Löcher in den Boden und klebe die Beine dort hinein.

... aus dem fernen Winterwald!

Suchst du noch die passende Verpackung für kleine Geschenke? Wie wäre es hiermit? Das HÄSCHEN lugt aus der Papprolle, die Hände, die Nase und das Blümchen klebst du von außen fest.
Das RENTIER wird wie das Schaf gebastelt, erhält aber vor dem Ankleben des Kopfes zwei Papierquadrate als Satteldecke.
Beim WEIHNACHTSMANN klebst du zuerst das Gesicht auf die Wellpappe, erst dann setzt du den Bart, die Nase und den Mützenrand auf. Für die Mütze brauchst du einen ca. 8 cm hohen Streifen aus Krepppapier, den du am Innenrand der Papprolle festklebst und mit einem Band verschließt.

Geisterstunde

1 Messe deine Papprröhre aus (Höhe und Umfang). Schneide die Tonpapierstücke entsprechend zu und bemale sie mit Buntstiften mit einem Ziegelsteinmuster. Um den Boden zu schließen, klebe eine passende Fotokartonscheibe an eine Seite der Papprröhre.

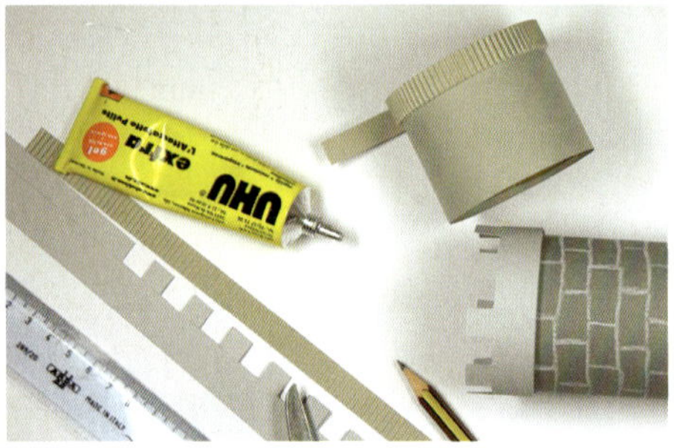

2 Schneide nun lange, ca. 1,5 cm hohe Streifen aus Wellpappe zu und klebe sie als Abstandshalter um den oberen Rand. Danach schneide die Zinnen aus, die du auf die Wellpappeänder klebst. Zum Trocknen kannst du sie mit Gummiringen fixieren.

3 Als Nächstes schneide das Papierdreieck aus und rolle es um einen Bleistift herum auf, um die Spitztüte für das Dach zu formen. Die Wimpel bestreichst du an der Klebefläche mit Klebstoff und rollst diese um ein Schaschlikstäbchen herum auf. Klebe abschließend alles, auch Fenster und Augen, an den Türmen fest und klebe diese zusammen.

Das brauchst du:

- verschiedene Papprröhren
- Tonpapier
- Wellpappe
- Fotokarton
- Schaschlikstäbchen
- verschiedene Papprröhren
- Gummiringe

Vorlagen Seite 122

Prinzessin Fiona lebt in einem Schloss

Für das Schloss bemale einen Keilrahmen (oder eine Holzplatte, 20 cm x 20 cm) mit rosaroter Acrylfarbe. Dann klebst du eine Zinnenreihe von hinten an den Rahmen und ein quadratisches Papierstück in die Mitte. Bemale es mit einem Glitzerstift und klebe die Wachsperlen auf.

An den Seiten des Rahmens klebe Türmchen, die genauso wie beim Gespensterschloss beschrieben gemacht werden. Klebe zuerst die Fenster auf, bevor du die Rosenranken gestaltest. Die Ranken malst du mit einem Glitzerstift auf. Die Satinröschen gibt es im Bastelladen.

In die Mitte des Rahmens setze einen Spiegel – oder ein selbst gemaltes Bild, ein Foto von dir und deinen Freundinnen, ganz wie du magst.

Mit Chenilledraht und Papier kannst du noch viel mehr machen!
Der SCHMETTERLINGSKÖRPER wird wie bei der Libelle beschrieben gemacht. Schiebe dann ein paar Holzperlen auf die Chenilledrähte für die Flügel, bevor du sie hinter die Transparentpapierflügel an den Körper klebst. Dann die Fühler hinter den Kopf kleben (Haube ist aufgemalt), den Kopf aufkleben, fertig!
Bei der SONNE werden unterschiedlich lange Drahtstücke an die Rückseite geklebt. Ebenso sind die BLUMEN gemacht. Für runde Blätter biege den Draht vor dem Ankleben zurecht. Falls nötig kannst du Bleistift oder Klebestift als Hilfsmittel nehmen.
Die SCHNECKE klebst du aus Papier zusammen, bevor du die Drahtspirale aufsetzt.
Der WURM erhält seinen spiralförmigen Körper, indem du den Draht um einen dicken Pinselstiel windest und wieder abstreifst.

Libelle & Co.

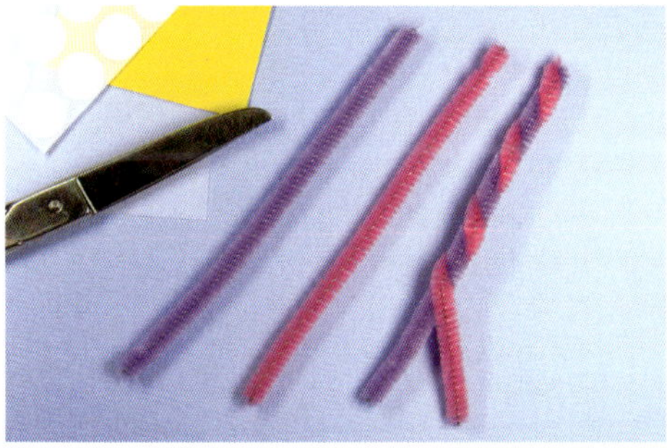

1 Für den Insektenkörper verdrehe zwei verschiedenfarbige Chenilledrähte miteinander oder wickle einen Draht um den anderen. Kürze den Draht dann entsprechend der Vorlage.

2 Die Flügel schneidest du aus Transparentpapier zu, den „Rüssel“ aus Fotokarton. Für die Augen klebe zwei Klebepunkte zusammen und male die Pupillen auf.

3 Klebe „Rüssel“ und Augen von oben auf den Chenilledraht, die Flügel von unten. Fertig ist der kleine Flieger!

Teller und Rasseln

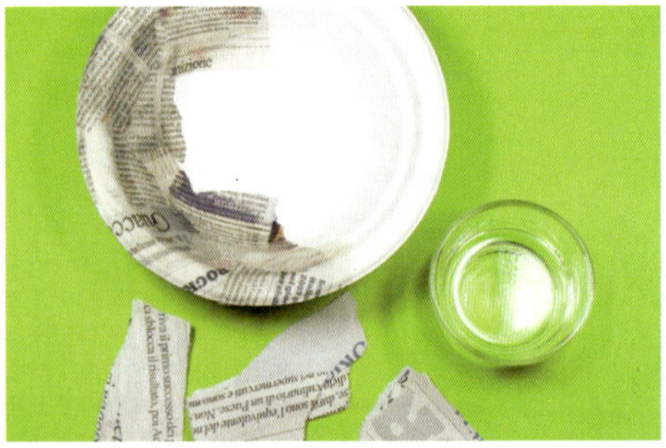

1 Zuerst zerreiße das Zeitungspapier in kleine Schnipsel. Mit Tapetenkleister beklebst du damit den ganzen Teller. Das nennt man „kaschieren“. Die Papierschicht gut trocken lassen.

2 Rolle dann aus doppelt gelegtem Toilettenpapier kleine Würstchen und durchfeuchte sie mit Tapetenkleister. Forme aus den Wulsten die Blütenblätter und lege auch ein paar Röllchen um den Tellerrand. Für die Blütenmitte brauchst du eine Toilettenpapierkugel, die du vor dem Aufkleben ebenso mit Kleister nass machst. Wieder gut trocknen lassen.

3 Bemale dann den ganzen Teller mit weißer Farbe. Nach dem Trocknen malst du die einzelnen Flächen bunt an.

4 Zuletzt setzt du die Randverzierung mit einem dünnen Pinsel auf.

Das brauchst du:

- Pappteller
- Tapetenkleister
- Zeitungspapier
- Toilettenpapier
- Acrylfarben

Wie der Teller sind auch die RASSELN gemacht – allerdings stecken unter der Zeitungsschnipselschale Jogurtbecher oder teilbare Acrylkugeln, die du mit Kieseln, Glöckchen, Reis, Linsen oder Ähnlichem füllen kannst. Zum Verschließen des Bechers klebe einfach eine Pappscheibe über die Öffnung. Jetzt braucht es noch einen Stiel, den du aus Wellpappe (12 cm hoch, 24 cm lang) rollst. Fixiere das Ganze mit Malerkrepp. Und nun kannst du kaschieren, mit Toilettenpapierwürstchen und -kügelchen gestalten, bemalen – und losrasseln. Wusstest du schon, dass das Gelärme Geistern vertreiben soll?

Tiere im Dschungel

In der freien Wildbahn mögen diese Gesellen keine Freunde sein, auf deinem Schreibtisch aber tun sie sich zusammen, um dir das Leben möglichst angenehm zu machen. Der Elefant sammelt neben bunten Papieren auch gerne wichtige Schriftstücke. Der Löwe hält allzeit Hilfsmittel wie Schere, Radiergummi und Lineal bereit. Und während das Krokodil am liebsten Drähte im Bauch hat, gefällt sich der Affe mit vielen Buntstiften am besten.

Das brauchst du:

- verschiedene Pappschachteln und -dosen
- Acrylfarben
- Fotokarton
- Tonpapier
- Holzperlen, ø 1 cm
- Nadel und Zwirn

Vorlagen Seite 132

1 Bemale alle Pappkartons mit Acrylfarbe. Besonders schön leuchten die Farben, wenn du die Kartons erst weiß grundierst und nach dem Trocknen die bunten Farben aufträgst. Inzwischen schneide die benötigten Motivteile aus Fotokarton aus. Kleine Formen schneidest du aus Tonpapier zu.

2 Für eine Hexentreppe klebe die Enden von zwei gleich langen und breiten Papierstreifen im rechten Winkel aufeinander. Falte die Streifen abwechselnd übereinander, bis die Hexentreppe die gewünschte Länge hat. Dann klebst du die beiden Streifenenden zusammen.

3 Für den Schmetterlingsflügel markierst du auf einem Tonpapierstück, 8 cm x 16 cm, Linien im Abstand von 1 cm. Ritze sie leicht mit einer Prickelnadel an und falte das Papier dann abwechselnd nach hinten und vorn.

Diese lustige Bande hilft dir, auf deinem Schreibtisch Ordnung zu halten. Und zaubert dir selbst bei den schwierigsten Matheaufgaben noch ein Lächeln ins Gesicht!

Für die PALME brauchst du eine lange Papprõhre, die du braun anmalst. Schneide dann zwölf Blätter in verschiedenen Grüntönen aus Fotokarton zu und stecke sie auf den Stamm (evtl. mit etwas Klebstoff befestigen).

Falte den Flügel des SCHMETTERLINGS wie unten gezeigt. Binde ihn in der Mitte mit einem Faden zusammen und klebe ihn an den bemalten Körper.

Für die SCHLANGE klebe zwei 2 cm breite und 140 cm lange Papierstreifen (2 x 70 cm aneinanderkleben) im rechten Winkel zusammen und falte sie zur Hexentreppe. Lass etwas Papier überstehen und klebe den Kopf daran fest.

Der AFFE hat einen runden Karton (ø 11 cm, ca. 10 cm hoch) als Körper. Für die Beine brauchst du vier Hexentreppen (siehe Schritt 2) aus jeweils zwei 70 cm langen Streifen. Klebe sie an der Dose fest und setze Füße und Hände an die Enden. Klebe dann noch Kopf und Schwanz an. Du kannst den Affen als Kantenhocker ins Regal setzen oder aufhängen, indem du zwei Löcher in die Seiten der Dose bohrst.

Das KROKODIL hat eine Schachtel, 8 cm x 12 cm x 22 cm, als Körper. Die Beine sind Hexentreppen aus jeweils zwei 2 cm breiten und 20 cm langen Streifen, an deren Enden die Füße kleben. Ein Rechteck mit Zackenkante aus Fotokarton trennt den Körper. Den Kopf brauchst du zweimal, einmal in Rot (Innenteil) und Grün. Klebe beide Teile zusammen und klebe danach die Zähne an.

Der LÖWE hat einen 17 cm x 17 cm x 10 cm großen Schachtelkörper. Setze den Kopf mit der üppigen Löwenmähne von innen und die Pfoten von außen an. Vergiss auch den Schwanz nicht.

Auch der ELEFANT hat einen quadratischen Körper (20 cm x 20 cm x 21 cm). Wenn du die Rüsselteile aufgefädelt hast, durchsteche die Vorderwand der Schachtel etwa in der Mitte, ziehe den Faden straff an und klebe ihn im Schachtelinneren fest. Dann fehlen bloß noch die Ohren, die Augen und kurze Röhren (aus zusammengeklebten Fotokartonstreifen) als Beine.

Wie du Gesichter gestaltest steht übrigens auf Seite 9.

4 Kreise zeichnest du mit einem Zirkel vor und schneidest sie entlang der Linie aus. Knote eine Perle an einem langen Faden fest und fädle mithilfe einer Nadel die erste Scheibe auf. So ziehst du abwechselnd Perlen und Papierscheiben (immer größer werdend) auf.

5 Für die Löwenmähne brauchst du ein langes Tonpapierstück, 8 cm x 70 cm. Markiere wieder Linien im Abstand von 1 cm, ritze sie leicht an und falte sie abwechselnd nach vorn und hinten. Das gefaltete Papier auffächern, zum Kreis zusammenkleben und hinten dem Löwenkopf befestigen.

Wackelmännchen

1 Schneide zuerst alle Motivteile aus. Die Körperform (Bogenform) setzt du an der gestrichelten Linie noch einmal an. Als Stiftehalter werden Papprröhren in den Körper geklebt. Dafür brauchst du 7 cm breite und 6 cm hohe Wellpappe- oder Fotokartonstücke.

2 Gestalte das Gesicht mit Filzstift und Buntstift und klebe die Nase mit einem Abstandsklebekissen auf. Setze mit einem Lackmalstift noch Lichtpunkte auf die Nase und in die Augen, so wirkt das Gesicht lebendiger. Male danach die Punkte und Striche mit Dekomarkern auf Mütze, Kragen, Tasche und Sohlen. An die Mützenspitze klebst du die bunten Pompons.

3 Ritze nun die Faltlinien mit Prickelnadel und Lineal in den Körper, so lässt er sich leichter knicken. Klebe dann die Tasche auf.

4 Als Nächstes machst du die Drahtfedern, sie sind ca. 2 cm (Kopf) und 3 cm lang (Arme, jeweils reine Federlänge). Wickle dafür jedes der drei ca. 20 cm langen Blumendrahtstücke eng um ein Schaschlikstäbchen. Zu Beginn und am Ende bleibt etwas Draht stehen. Streife die entstandene Feder vorsichtig vom Stäbchen. Nun bitte einen Erwachsenen, dir zu helfen, denn die Federn halten am besten, wenn man sie mit Heißkleber befestigt (hinter Kopf und Händen).

5 Danach die Drahtfedern der Hände mit Heißkleber hinter den Körper kleben. Die Feder vom Kopf durch den Kragen stecken und oben an eine Körperseite kleben. Sie muss ganz eng und kurz sein, sonst fällt der Kopf nach hinten. Danach kannst du den Körper im oberen Bereich zusammenkleben.

6 Klebe anschließend die Röhren zusammen und verschließe sie an einer Seite durch Zusammentackern. Befestige sie im Körper, sie halten deine Stifte. Zuletzt setzt du die Schuhe mit Abstandsklebekissen auf. Die Armfedern kannst du nach Belieben etwas auseinanderziehen, dann wackeln sie besser.

Eine witzige Variante des Wackelmännchens.

Das brauchst du:

- Fotokarton
- Jeanskarton
- Blumendraht
- Plüschpompons, ø 1,5 mm
- Wellpappe
- Dekomarker

Vorlagen Seite 122

Pop-up-Karten

Das brauchst du:

- Doppelkarten
- Fotokarton und Tonpapier
- Motivstanzer
- Glitterklebstoff
- feinen Glitter
- Perlen, Strasssteine und -blüten
- Blütenstempel (Floristikbedarf)

Vorlagen Seite 129

1 Die Pop-up-Motive werden in hoch- und querformatige Karten geklebt, je nach Form. Du kannst fertige Karten aus dem Bastel- oder Schreibwarengeschäft verwenden oder die Doppelkarten aus Fotokarton selbst zuschneiden. Nach Belieben beklebe eine Innenseite der Karte mit Tonpapier, beispielsweise als Rasenfläche.

2 Für den Aufspring-Mechanismus im Karteninneren brauchst du für jedes Motiv einen Fotokartonstreifen, den du zu einem Rahmen faltest und zusammenklebst.
Die Rahmenhöhe hängt von der Motivhöhe ab und ist bei Motiven wie den Blumen wichtig. Allgemein sollte der Rahmen niedriger als dein Motiv sein.
Die Rahmentiefe ist entscheidend, um Motive unterschiedlich weit in die Karte hineinragen zu lassen. Man nennt das auch „in verschiedenen Ebenen anbringen". Je tiefer der Rahmen, desto weiter vorn steht dein Motiv.
Wähle die passende Streifenlänge für dein Motiv aus und ritze vor dem Falten alle Faltlinien mithilfe von Lineal und Prickelnadel vor, dann lassen sie sich sauber knicken.

3 Bestreiche den fertigen Rahmen an der Rück- und der Unterseite mit Klebstoff und setze ihn mit der Schmalkante genau an die Faltlinie in die Karte. Drücke dann die Rück- und die Unterseite gut an.

4 Schneide danach alle benötigten Motivteile aus Fotokarton aus und gestalte sie mit Bunt- und Filzstiften und nach Belieben mit Strasssteinen und Glitter.
Die Glitterlinien werden so gemacht: Zeichne die Linien mit Glitterklebstoff auf und streue feinen Glitter darüber. Lass das Ganze liegend trocknen, bevor du überschüssigen Glitter sanft abklopfst.

5 Klebe das Motiv anschließend zusammen und setze es mit 1 mm Abstand zum Untergrund an die Vorderseite des Papierrahmens.

... viele liebe Grüße sendet dir ...

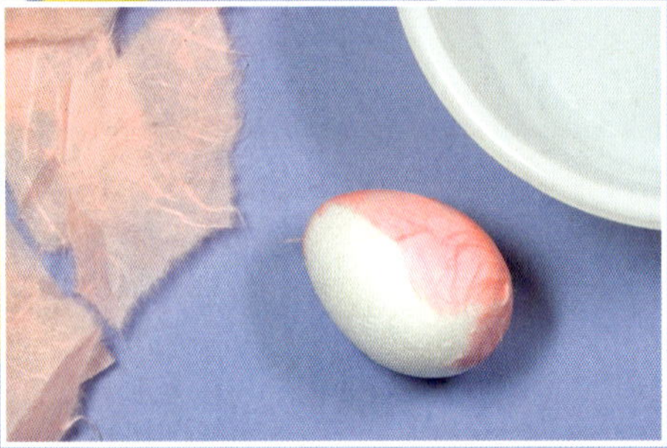

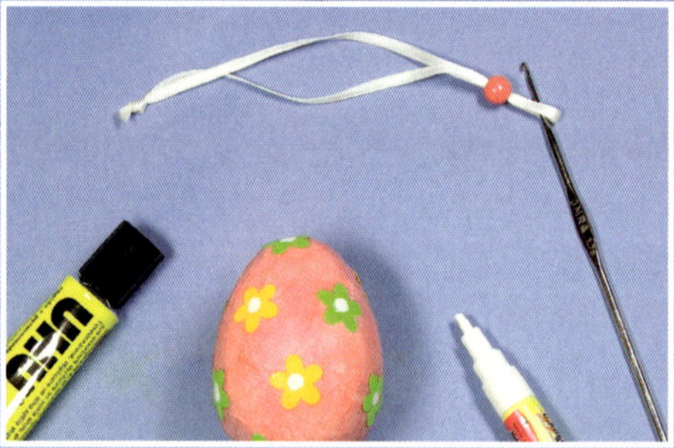

1 Beklebe das Styroporei mithilfe von Tapetenkleister mit Strohseideschnipseln. Setze die Papierstücke dicht aneinander und klebe etwa zwei Schichten auf. Streiche abschließend noch einmal Tapetenkleister übers Ei.

2 Dann stanzt du mit einem Motivlocher die Verzierungen aus. Das geht leichter mit Tonpapier als mit Fotokarton. Setze die Blumen aufs Ei und male nach dem Trocknen die Blütenmitten mit einem Lackmalstift auf.

3 So bringst du die Aufhängung an: Das Band verknoten, mit einer Häkelnadel durch die Perle ziehen, mit einem Bleistift eine Vertiefung in die Eispitze drücken und Knoten und Perle einkleben.

Eier und Hennen

1 Beklebe das Styroporei ganzflächig mit Strohseideschnipseln wie links unter Schritt 1 beschrieben.

2 Schneide die Papierteile aus Fotokarton aus. Der Kamm wird ins Ei eingesteckt. Schneide dafür mit einem Küchenmesser einen Schlitz ins weiche Styropor.

3 Das Papier kannst du nach Belieben mit Bunt- und Filzstiften bemalen. Auch die Pupillen werden mit Filzstift auf die Wattekugelaugen gemalt.

4 Klebe dann alles auf dem Huhn fest. Zum Einstecken der Federn bohrst du Löcher mit einem Schaschlikstäbchen vor.

Das brauchst du:

- Styroporeier, 6 cm hoch
- Tapetenkleister
- Strohseide
- Fotokarton
- Federn
- Wattekugeln, ø 1 cm
- Motivstanzer und Tonpapier
- Holzperlen, ø 8 mm

Vorlagen Seite 121

Das brauchst du:

- Styroporkugeln, ø 7 cm
- Kordel, ø 3 mm
- Stecknadeln
- Tapetenkleister
- Zeitungspapier
- Acrylfarben
- Strasssteine
- Wachsperlen, ø 1 cm und 1,5 cm
- Organza-Band, 1 cm breit

Weihnachtskugeln

1 Befestige die Kordelstücke mithilfe von Stecknadeln auf der Kugel. Du kannst verschiedene Muster machen: die Kugel in sechs oder acht Abschnitte teilen, mit Spiralen oder Ringen versehen und vieles mehr.

2 Zerreiße das Zeitungspapier in kleine Schnipsel und beklebe die ganze Kugel damit. Durchfeuchte das Papier gut mit Kleister und drücke es fest an die Kordeln, damit möglichst wenige Falten und keine Luftblasen entstehen. Gut trocknen lassen.

3 Bemale die Kugel deckend mit weißer Acrylfarbe und lass die Farbe trocknen.

... Kugeln glitzern am Weihnachtsbaum ...

4 Anschließend übermalst du alles in der Farbe deiner Wahl.

5 Tauche dann ein Tuch in goldene Farbe und reibe sie auf die Kugel. Nimm immer nur ganz wenig Farbe auf, damit die Kugel nur eine leichte, unregelmäßige Goldpatina erhält. Bemale dann noch die Kordelmuster mit einem dünnen Pinsel.

6 Nun kannst du die Kugel mit Strasssteinen bekleben. Für die Aufhängung verknote das Band, ziehe die Schlaufe mit einer Häkelnadel durch die Perle, drücke mit einem Bleistift eine Vertiefung in die Styroporkugel und klebe Knoten und Perle darin fest.

Schatzkiste Natur

Als Kind habe ich gerne mit Naturmaterialien gebastelt, die ich auf Spaziergängen mit meinen Cousinen im Wald gesammelt habe. Ob Blüten, Blätter, Zapfen, Steine oder Früchte – die Natur ist reich an Materialien, die noch heute meine Fantasie beflügeln.

Anders als im Bastelladen gibt es im Wald oder auf dem Feld keine Standardformen und -größen. Das macht Basteln mit Naturmaterialien herausfordernd und reizvoll zugleich. So wie kein Blatt dem anderen gleicht, werden auch die gebastelten Sachen immer ein wenig anders. Wenn du selbst Naturdekorationen entwerfen möchtest, schaue dir das Material genau an und entscheiden dabei, welche Form oder Figur darin steckt.

Katharina (8 Jahre)

Noch in ihren Schlafanzügen stürmen die lustigen Pyjamakürbisse hinaus in den bunten Herbst. Wenn du auch so lustige Gesellen vor der Türe oder auf dem Fensterbrett haben möchtest, halte dich einfach an die Anleitung rechts, die Kerlchen werden wie die Hexe gebastelt. Hat dein Kürbis einen besonders langen Stiel, kannst du eine Wattekugel als Bommel dranhängen.

Willkommen, fröhlich-bunter Herbst!

Hexen hexen

1 Bohre mit einem Frühstücksmesser ein Loch in den kleineren Kürbis, ...

2 ... groß genug, dass er auf den Stiel des größeren aufgesteckt werden kann.

3 Nun geht's ans Bemalen. Male die Fläche nacheinander auf, also erst den lilafarbenen Rock und nach dem Trocknen die Flicken.

Das brauchst du:

- Kürbisse
- Acrylfarben
- verzweigte Äste
- Bast
- Fotokarton

4 Augen und Mund sowie die Flickennähte zeichnest du mit wasserfesten Filzstiften, die Wangen und die Lichtpunkte mit Acrylfarbe. Die Hutkrempe ist aus Fotokarton, Größe und Form des Loches misst du vorher an deinem Kürbis aus.

5 Stich nun die Löcher für die Arme und Nase mit einem Schaschlikstäbchen vor und stecke die Aststücke hinein. Klebe noch etwas Naturbast als Haare unter der Hutkrempe auf den Kürbis – schon ist die Hexe fertig.

Abrakadabra ....
abra ....Abrakadabra

Vögel und Blumen

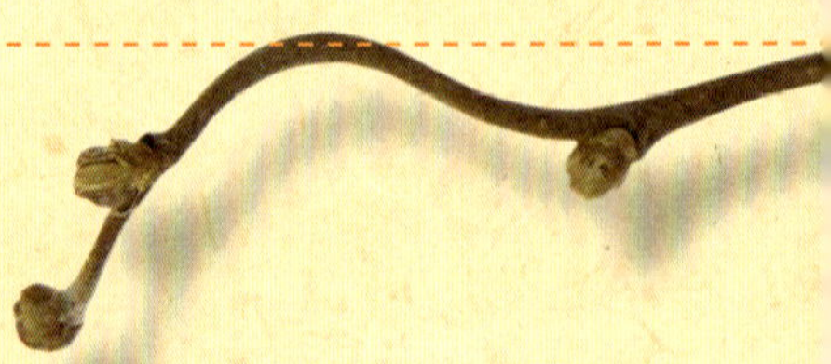

1 Als Untergrund dienen runde Bierdeckel (für das Tischlicht auf 6 cm Durchmesser zugeschnitten) oder Schachteln. Bestreiche den Untergrund mit Holzleim (oder Alleskleber) und bedecke ihn mit dem gewünschten Material, hier Couscous. Gut trocknen lassen.

2 Klebe dann die gewünschten Materialien von außen nach innen rundum auf. Die Kürbiskerne ragen hier zur Hälfte über den Deckelrand hinaus. Trage immer nur ca. 3 cm lange Leimstiche auf und drücke die Materialien schnell auf, sodass der Leim nicht antrocknen kann und die Körner, Früchte und Samen gut haften.

3 Bei dem Teelichthalter muss ein ausreichend großes Loch zum Einstellen des Teelichtes frei bleiben. Falls das Loch noch zu groß ist, klebe einfach noch eine Reihe Erbsen dazu. Die Schachteln sind übrigens genauso gemacht, hier klebst du noch Blumen in die Mitte.

Das brauchst du:

- Bierdeckel
- Maiskörner
- Kürbiskerne
- Couscous
- Leinsamen
- Wacholderbeeren
- Flügelnüsse (Früchte der Esche)
- Lindenblüten
- Ästchen
- Holzleim

Vorlagen Seite 139

Für den VOGEL pause Umriss und Innenlinie ab und übertrage sie auf den Bierdeckel. Bestreiche nur diese Fläche mit Leim, drücke Maiskörner (Flügellinie) und Wacholderbeere (Auge) auf und bestreue den Rest mit Couscous. Gut trocknen lassen. Dann Erbsenrand und Leinsamenhintergrund machen. Wieder trocknen lassen, bevor Lindenblütenschwanz und Kürbiskernschnabel folgen.

Für die EULE beklebst du den Bierdecke von unten nach oben mit Flügelnüssen. Gut trocknen lassen. Inzwischen schneide die Augenkreise aus Pappe zu, beklebe sie von außen nach innen mit Erbsen und Couscous und setze danach die Astscheibe mit der Wacholderbeere auf. Den Schnabel und darüber die Augen aufkleben und die Aststücke von der Rückseite anbringen.

Raben

1 Spieße die Styroporkugel auf ein Schaschlikstäbchen und bemale sie mit schwarzer Farbe, die du mit feinem Sand gemischt hast. Die Holzhalbkugeln streichst du weiß an. Gut trocknen lassen.

2 Nun schneidest du den Schnabel aus Naturpapier aus und klebst ihn mit den Augen auf den Körper. Die Pupillen aufmalen. Zum Einstecken der Flügel schneidest du mit einem spitzen Messer Schlitze in die Seiten.

3 Stich nun Löcher für Beine und Federn mit einem Schaschlikstäbchen vor und stecke die Drahtstücke (5 cm lang) und die Federn ein. Wickle dann für die seitlichen Zehen noch ein kurzes Drahtstück (ca. 2,5 cm) unten um jedes Bein. Verknote den Aufhängefaden, klebe ihn oben bei der Feder fest und ziehe mithilfe einer Nadel die Herbstfrüchte auf.

Das brauchst du:

- Styroporkugel, ø 8 cm
- Holzhalbkugeln, ø 2 cm
- Acrylfarben
- feinen Sand
- Chenilledraht
- Federn
- Naturpapier in Gelb
- Lampions, Beeren, Blätter, Maisscheiben, Kürbiskerne

Vorlagen Seite 136

Natürlich kannst du die Kugeln für diesen frostigen Gesellen auch aus Schnee rollen. Keine Taugefahr besteht aber, wenn du ihn aus Styroporkugeln bastelst. Die Kugeln sind 5 cm, 6 cm, 7 cm und 8 cm groß und werden mit weißer Acrylfarbe (mit Sand gemischt) bemalt. Nach dem Trocknen male das Gesicht auf.

Die Kugeln kannst du mit Zahnstochern zusammenstecken oder von einem Erwachsenen mit Heißkleber verbinden lassen. Nun fehlen nur noch Tannengrünhaare und Zapfenhut, die Paketschnurarme mit aufgezogenen Styroporkugeln als Hände (um Hals wickeln) und ein warmer Strickschlauch als Schal – fertig ist der Wintergeselle!

Das brauchst du:

- Blätter
- Beeren
- Zapfen
- Weidenkätzchen
- Kürbisse
- Fotokarton, Naturpapier
- Acrylfarben

Natur pur

Die KÜRBISSE erhalten Schaschlikstäbchen als Beine, so kannst du sie in Pflanztöpfen oder im Garten aufstellen. Nach Belieben bringe noch Blätter als Federn und eine Beerendolde als Kamm an. Die Augen malst du mit Acrylfarbe und einem schwarzen, wasserfesten Stift auf.

Aus den witzigen Blättern kannst du eine ganze Fensterkette machen. Freudig, zerknirscht… welche Gesichtsausdrücke fallen dir noch ein? Pralle Beeren sind ideal als Nasen der BLÄTTERFIGUREN.

Flauschig weich sind Weidenkätzchen. Mit ein paar Strichen ist ein MÄUSCHEN daraus geworden. Toll in Szene setzen kannst du die Tierchen auf einer Karte mit Naturpapierwiese.

Ist das nun ein Beerenfalter oder ein Langblattschmetterling? Schnell gemacht ist das Insekt allemal: Einfach den Beerenstiel auf den Zapfen befestigen und Blätter als Flügel ankleben. Nun braucht dein SCHMETTERLING bloß noch ein Gesicht, das du mit Acrylfarbe und Schaschlikstäbchen aufdruckst.

Das CHAMÄLEON ist noch auf der Suche nach Gefährten. Welche anderen Tiere fallen dir ein, die du aus Blättern zusammenkleben kannst?

Nusskerlchen

1 Die meisten Erdnüsse bemalst du mit einer Grundfarbe. Lass diese gut trocknen, bevor du die nächsten Farben darübersetzt. Feine Linien setzt du mit einem dünnen Pinsel auf.

2 Kleine Papierteile lassen sich am einfachsten aus Tonpapier anfertigen. Bemale die Motivteile nach Belieben mit Filz- und Buntstiften (dunkles Papier mit Lackmal- oder Gelstiften), bevor du sie anklebst.

3 Dann klebst du die Wackelaugen auf, zeichnest die Gesichtslinien mit wasserfesten Stiften und befestigst Fühler (Blütenstempel) oder Haare und Hüte.

Das brauchst du:

- Erdnüsse
- Acrylfarben
- Tonpapier
- Chenilledraht, Papierkordeldraht
- Blütenstempel (Floristikbedarf)
- Karobänder, 3 mm breit
- Bast

Vorlagen Seite 137

Ob Prinzessinnen und Piraten, ein lustiger Clown, wilde Vierbeiner oder witzige Insekten – alle möglichen Figuren lassen sich aus Erdnüssen machen. Wenn du den unteren Teil der Nuss abschneidest, kannst du sogar Fingerpuppen wie die Eule daraus basteln.

Die Maisprinzessin und ihr treuer Freund sehen auf den ersten Blick ein bisschen schwieriger aus, sind aber ganz einfach gemacht: Die Prinzessin hat einen Holzkugelkopf, den du auf den Maiskolbenansatz klebst. Die Maisfaserhaare und die Krone setzt du wie rechts beschrieben auf. Dann klebst du die Arme mit angeklebten Kugelhänden am Kolbenstiel fest und bringst einen Kragen aus Blättern an. Als Nase brauchst du eine kleine Holzhalbkugel.

Als Froschkörper dient ein kleiner Apfel. Stecke Arme, Beine und Krone in die Frucht und klebe die bemalten Holzkugeln an. Das reizende Pärchen fühlt sich auf einer Astscheibe zwischen buntem Herbstaub sichtlich wohl.

Lampionfeen

1 Klebe die Spitze des Lampions in das Loch der großen Holzkugel (oder du fügst eine Mohnkapsel und Kugel mithilfe eines Zahnstocherstücks zusammen.) Befestige dann die Flügel auf die Fruchtrückseite. Arbeite ganz behutsam: Lampion und Flügel sind sehr zerbrechlich.

2 Nun klebst du die Papierkordelenden in die Löcher der kleinen Holzkugel und malst dann beides grün an. Klebe danach die Mitte des Papierdrahts an die Rückseite der Figur.

3 Danach kommt das Finish: Klebe einen Aufhängefaden in die Krone. Bündle dann die Haare und klebe sie auf den Kopf. Drücke anschließend den Stiel der Krone (mit Klebstoff versehen) ins Holzkugelloch. Zuletzt zeichnest du das Gesicht auf und knotest den Schal um den Hals.

Das brauchst du:

- Lampionfrüchte oder Mohnkapseln
- durchbohrte Holzkugeln, ø 1 cm und 2,5 cm
- Mondviolenblatt (Flügel)
- Maisfasern (Haare)
- Bucheckern (Krone)
- Papierkordeldraht
- Filz
- Acrylfarben

Fischers Fritzes Fische

1 Klebe zuerst die Muscheln, Steine und Äste zu Figuren zusammen. Nach dem Trocknen des Klebers bemalst du die Tiere.

2 Die Figuren kannst du nun mit Punkten und Linien verzieren. Linien setzt du mit einem dünnen Rundpinsel auf die getrocknete Farbe. Punkte machst du mit einem Schaschlikstäbchen.

3 Für die Augen nimm kleine Steine oder Wackelaugen. Oder du tupfst mit einem Holz- oder Heißkleberstäbchen einen Farbpunkt und malst die Pupille nach dem Trocknen mit einem wasserfesten Stift auf. Den Mund mit Filzstift und die Wangen mit rosaroter Acrylfarbe aufmalen.

Das brauchst du:

- Muscheln und Steine
- kleine Äste
- Acrylfarben
- Wackelaugen
- Schaschlikstäbchen
- Montagekleber

Mit einem Ast als Mast und Muscheln und Kieseln als Segel und Bullaugen wird aus Treibholz schnell ein Schiff. Für die Maste seitlich Löcher ins Holz bohren.

Fantasievolles aus Holz

Holz ist ein wunderbares Material! Seine Stabilität und die unterschiedlichen Stärken bieten beinahe unerschöpfliche Gestaltungsmöglichkeiten. Lange Zeit habe ich für eine Spielzeugfirma Holzobjekte entworfen, weshalb mir das Gestalten der Laubsägearbeiten und Holzkugelfiguren viel Spaß gemacht hat. Neu entdeckt habe ich das Arbeiten mit Baumstämmen und Astscheiben, aus denen sich originelle rustikale Dekorationen machen lassen.

Die bunten Bilderrahmen auf der nächsten Seite werden mit der Laubsäge und recht feinen Sägeblättern gemacht, bei den Astfiguren kannst du zum robusten Fuchsschwanz und der Feinsäge greifen.

Simon (7 Jahre)

Katze Lissi

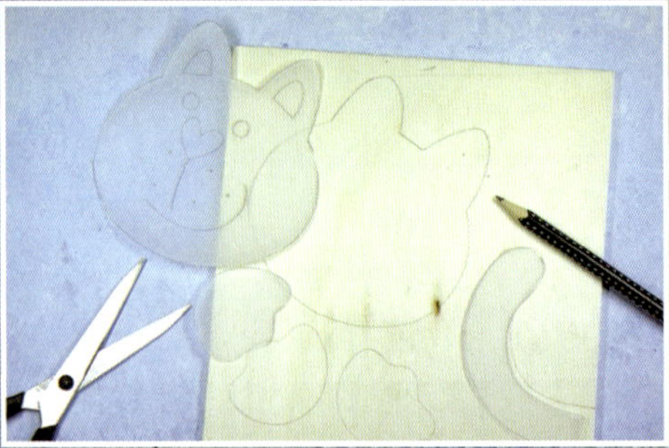

1 Mache dir Schablonen aller Motivteile aus Transparentpapier. Diese legst du auf das Sperrholz und umfährst sie mit einem weichen Bleistift.

2 Säge die Motivteile mit der Laubsäge aus und schleife die Kanten nach.

3 Bemale nun alle Teile mit weißer Acrylfarbe, vergiss auch die Ränder nicht. Nach dem Trocknen übertrage die Gesichtslinien mit Transparentpapier auf das Holz: Ziehe die Linien auf der Rückseite mit einem weichen Bleistift nach, wende das Papier und lege es auf das Holz. Ziehe alle Linien mit einem harten Bleistift nach.

4 Bemale dann das Gesicht und die restlichen Körperteile: Augen und Mund mit einem wasserfesten Filzstift, die Innenohren und das Fellmuster mit Buntstiften, die Wangen mit Buntstiftabrieb. Die Katze lässt sich mit UHU patafix oder ablösbaren Klebestreifen am gewünschten Platz anbringen.

Das brauchst du:

- Sperrholz, 5 mm stark
- Laubsäge, Sägeblatt, Bohrer, Schleifpapier
- Acrylfarben
- Holzherz, Wattekugeln
- Papierkordeldraht, Blumendraht
- Holzleim

Vorlagen Seite 130

... und ihre lustigen Freunde ...

Schön gerahmt sind Fotos, Spiegel und Pinnwände mit den lustigen Freunden der Katze Lissi. Die farbenfrohen Rahmen sind nicht nur eine schöne Idee für dein eigenes Zimmer, sondern auch ein fantastisches Geschenk!

Als Untergrund brauchst du eine 22 cm x 22 cm große Sperrholzplatte. Bemale sie und setze nach dem Trocknen einen Spiegel, ein Foto oder eine Pinnwand (12 cm x 12 cm) mit starkem Doppelklebeband auf. Danach klebst du die Gliedmaßen und Köpfe der Tiere mit Holzleim auf. Als Abstandshalter lassen sich Sperrholzreste verwenden. Die Nase des Mäuschens und die Fühlerenden des Käfers sind Wattekugeln, die Barthaare Blumendraht und die Schwänze und Fühler (bemalte) Papierdrahtkordel.

Zebra und Dino

Das ZEBRA ist eine Magnettafel, die Magnete sind unter den Blüten versteckt.
Und so wird's gemacht: Säge die Form aus, lass einen Erwachsenen die Löcher bohren und glätte die Kanten mit Schleifpapier.
Dann streichst du die ganze Fläche mit Magnetfarbe (aus dem Bastelladen oder Baumarkt). Lass die Farbe trocknen und streiche die Tafel dann noch zweimal, damit die Magnete später gut darauf haften.
Auf die letzte getrocknete Schicht Magnetfarbe kommt die farbige Bemalung. Als Augen klebst du die bemalten Halbkugeln auf. Knüpfe noch Bastfäden als Mähne ein und klebe die Magnete hinter Holzblüten (aus dem Bastelladen) und ausgesägte und bemalte Bienchen. Fertig ist der praktische Raumschmuck.

Bei DRACHEN musst du aufpassen, dass dein Uhrwerk für die Holzstärke geeignet ist. Bemale ihn nach dem Aussägen, Bohren (Erwachsener!) und Schmirgeln wie abgebildet. Male die Flächen nacheinander aus. Oder du bemalst das ganze Tier weiß und trägst nach dem Trocknen die anderen Farben auf, so werden sie strahlender.
Damit die Farben nicht ineinanderlaufen, lass jede Farbe trocknen, bevor du die nächste daneben- oder darübersetzt. Zum Aufdrucken der Punkte eignet sich ein Heißkleberstäbchen.
Zuletzt klebst du Augen und Zunge fest und setzt das Uhrwerk ein.

Das brauchst du:

- Sperrholz, 5 mm stark
- Laubsäge, Sägeblatt, Bohrer, Schleifpapier
- Acrylfarben
- Holzhalbkugeln, ø 3 cm
- Magnetfarbe und Magnete
- Uhrwerk und Zeiger
- Bast oder Filz
- Holzblumen, ø 2,5 mm
- Aluminiumdraht, ø 2 mm, und Holzperle, ø 1 cm (Zebraschwanz)
- Holzleim
- Bilderhaken zum Aufkleben

Vorlagen Seite 131

Schwingfiguren

1 Zum Anbringen der Beine und Arme müssen vier Löcher in die große Holzkugel gebohrt werden, lass das bitte einen Erwachsenen machen! Dann klebst du Kopf und Körper mit einem Schaschlikstäbchen zusammen. Gut trocknen lassen.

2 Bemale nun die Kugeln in der Grundfarbe. Die Holzkugeln kannst du zum Bemalen auf ein Schaschlikstäbchen spießen. Die Holzplatinen als Augen weiß anmalen. Alles gut trocknen lassen.

3 Nun setzt du die Details auf: Zuerst die Hose, nach dem Trocknen der Farbe das Muster. Zum Drucken der Punkte und Pupillen ist ein Schaschlikstäbchen hilfreich, dann werden sie gleichmäßig rund.

... hüpfen ... hüpfen ... hüpfen ......

4 Als Nächstes machst du die Drahtfedern. Wickle dafür ein Stück Draht, ca. 20 cm lang, eng um ein Schaschlikstäbchen. Ziehe das Schaschlikstäbchen danach heraus und klebe ein Ende der Feder in das Loch im Körper, das andere in die Füße. Klebe auch gleich die Augen fest und lass den Klebstoff aushärten.

5 Klebe danach die Zugfeder in die obere Öffnung der Kugel. Zuletzt das Gesicht aufmalen, die Krone aufkleben (am Rand mit Klebstoff bestreichen) und das Band um den Hals binden.

Das brauchst du:

- Holzkugeln, ø 3,5 cm und 4 cm
- gebohrte Rohholzkugeln, ø 1,2 cm
- Holzfüßchen, 2,5 cm lang
- Holzplatinen und -oliven
- Schaschlikstäbchen
- Blumendraht
- Acrylfarben
- Bänder, Satinröschen
- Formfilz, Filz
- Zugfedern

Vorlagen Seite 128

Wichtel & Co

Manche Figuren haben Astarme. Zum Einstecken braucht es ausreichend große, seitlich in den Stamm gebohrte Löcher. Lass das am besten einen Erwachsenen machen! Es ist leichter, die Figur zu gestalten, bevor du die Arme einklebst.
Bemale die Schrägkante mit weißer Farbe, nur der Hasenkopf bleibt unbemalt. Den Pinguinen malst du nach dem Trocknen der weißen Farbe noch die schwarzen Hauben auf, den Wichteln die hautfarbenen Gesichter.

Die WICHTEL haben bemalte Holzhalbkugeln als Nasen und Bärte aus Formfilz oder Watte. Die Augen sind aufgemalt. Setze ihnen dann die Strickschläuche auf und binde sie mit etwas Paketkordel zu.

Die PINGUINE haben Flügel und Schnäbel aus Formfilz. Das Gesicht wird mit wasserfestem Filzstift (Augen) und Buntstiftabrieb (Wangen) gestaltet.

Das HUHN ist genauso gemacht, bekommt aber echte Federn.

Das KÜKEN hat Augen aus Holzhalbkugeln, die auf dem Schnabel aus Formfilz kleben. Herrlich tollpatschig wirkt es mit seinen Formfilzfüßen.

Der HASE erhält Ohren und eine Nase aus Astscheiben. Klebe die Ohren fest und setze dann die bemalten Halbkugeln als Augen darauf. Beim Aufkleben der Nase füge die Drahtstücke mit ein.

Bei der EULE klebe den Schnabel auf und setze die Astscheiben mit den dahinter geklebten Zweigchen als Augen auf. Noch ein paar Federn, fertig ist das Tier.

Die WALDHÜHNER haben Astnasen, Glubschaugen aus Halbkugeln und einen spärlichen Federschmuck.

Das brauchst du:

- dünne Holzstämme mit schräger Schnittkante
- Äste, Astscheiben
- Bohrer
- Acrylfarben
- Strickschlauch
- Formfilz
- Holzhalbkugeln
- Draht
- Federn

Rudi, der lustige Geselle

1 Bitte einen Erwachsenen, dir drei Löcher in die Astscheibe zu bohren: zwei oben seitlich für das Geweih, eines unten in der Mitte für den Stab. Klebe die Teile mit Holzleim ein.

2 Klebe anschließend die Nase (Aststück) auf die Scheibe und die Ohren (Astscheiben) an die Rückseite. Zwischen die Ohren setzt du das Islandmoos.

3 Nun gestaltest du das Gesicht: den Mund mit Buntstift, die Wangen mit Buntstiftabrieb, die Augen mit einem Holzstab und Acrylfarbe. Setze nach dem Trocknen der Farbe mit Lackmalstift Lichtpunkte in die Augen. Binde zuletzt den Schal um, dessen Enden du noch fransig schneidest.

Das brauchst du:

- Astscheiben und Aststücke in verschiedenen Größen
- Rundholzstab (Stecker)
- verzweigte Äste
- Filz
- Islandmoos

witzige Schlangen .... räkeln und sonnen sich im Gras ...

Die Astscheiben für die SCHLANGEN müssen in der Mitte durchbohrt werden, damit du sie zusammen mit Holzperlen auf Draht fädeln kannst. Die TEELICHTRAUPE ist einfach zusammengelegt. Alle drei Tiere haben bemalte Holzhalbkugeln als Augen.

Eine schöne Geschenkidee zu Weihnachten ist das kleine RENTIER links. Bitte einen Erwachsenen dir zu helfen, denn am besten halten die Aststücke zusammen, wenn Beine und Hals in gebohrte Löcher geklebt werden können. Auch für das Geweih und den Schwanz werden kleine Löcher benötigt.

Gestickt und gewickelt

Schön kuschelig sind nicht nur die Kissen in diesem Kapitel. Auch die Taschen aus flauschigem Bastelfilz und die weichen Pomponmonster sind herrlich anschmiegsam.

Die Stickarbeiten sind unkompliziert und bereits wenige Stiche genügen, um Vielerlei zu verzieren. Das Sticken selbst verfolgt dabei meistens keinen Zweck (außer beim Zusammennähen der Taschen) – aber es macht Dinge schöner und wertvoller.

Die Bilder auf Seite 68/69 habe ich als Inspiration für eigene Arbeiten gedacht, denn mit den dort gezeigten Stichen kannst du jede beliebige Zeichnung nachsticken, sogar ein gezeichnetes Portrait.

Valentina (6 Jahre)

Lustige Filztaschen

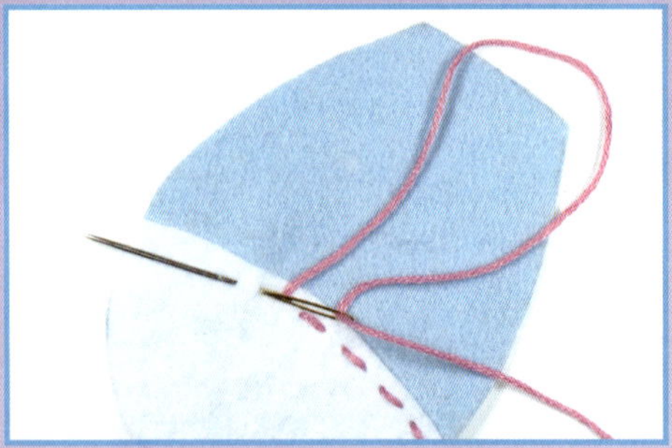

1 Mit dem Vorstich (Heftstich) lassen sich Motivteile verbinden.

Vorstich

Er ist der einfachste Stich. Mache einen Knoten in das Fadenende, stich mit der Nadel durch den Filz nach unten und im gleichen Abstand wieder nach oben.

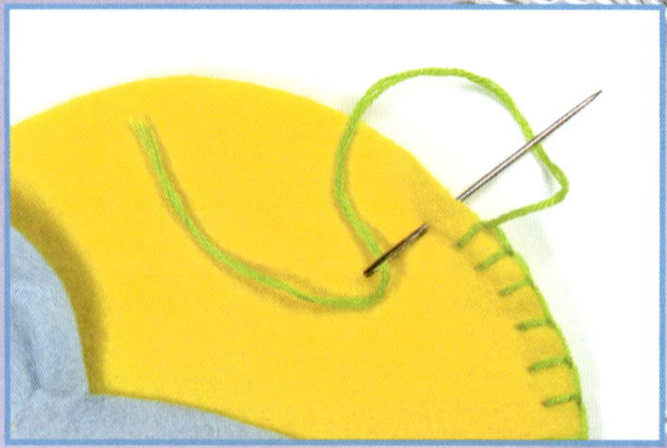

2 Die Randeinfassung stickst du im Schlingstich. Er wird immer von innen nach außen gestickt. Die Schlinge entsteht, indem du die Nadel beim Anziehen des Fadens über das Stickgarn legst.

Schlingstich

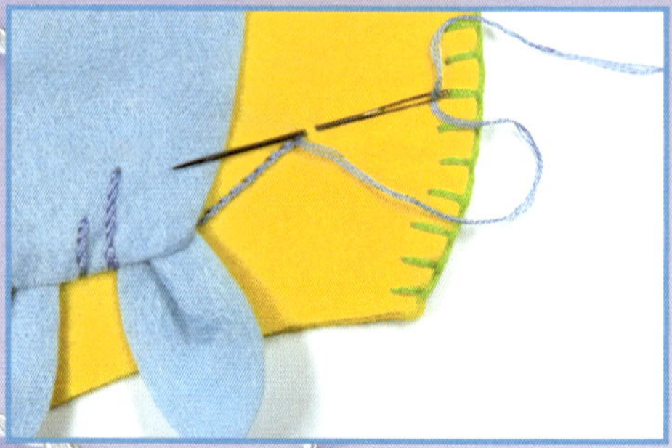

3 Haare und Mund machst du mit dem Stielstich.

Stielstich

Am einfachsten stickst du sie bereits vor dem Zusammennähen der Tasche auf, dann nähst du nicht versehentlich die Rückseite mit fest.

4 Zuletzt klebst du die Tragekordel in die Tasche und sicherst sie mit ein paar Stichen mit Nadel und Nähgarn.

Das brauchst du:

- Bastelfilz
- Sticknadel und Stickgarn
- Satinkordeln, ø 3 mm
- Knöpfe
- Nähnadel und Nähgarn

Vorlagen Seite 127

Die Taschen werden alle gleich gemacht: Alle benötigten Motivteile ausschneiden. Dann die Vorderseite gestalten, bevor du die Tasche zusammennähst und die Tragekordel anbringst. Zum Zusammennähen die Teile deckungsgleich aufeinanderlegen und mit Stecknadel zusammenheften, damit nichts verrutscht.

Beim PFERD klebst du die Ohren leicht gerafft hinter den Kopf, nähst die Augen fest, klebst das weiße Maulteil mit Holzleim auf und setzt es mit Vorstichen ab, bevor du den Kopf auf die Taschenfront klebst und die Haare aufstickst.

Den Mund der KATZE stickst du im Stielstich. Dann die Filznase mit Holzleim aufkleben und die Wangen und Ohren mit Buntstiftabrieb pinkfarben färben. Beim Zusammenheften von Vorder- und Rückseite fasse auch die Ohren, leicht gerafft, mit ein. Diese Tasche wird im Vorstich zusammengenäht.

Bei der TASCHE MIT BLÜMCHEN nähst du zuerst die Knöpfe als Blütenmitte auf. Dann klebst du die Blume mit Holzleim auf die Vorderseite und nähst die Tasche mit Schlingstichen zusammen.

Die witzigen LESEZEICHEN sind aus Formfilz, die Verzierungen werden nur aufgeklebt. Für Haare und Fühler/Antennen brauchst du Papierkordeldraht (ø 2 mm) und Holzperlen (ø 6 mm). Beachten zum Sticken (Vorstich) auf Formfilz auch Seite 70, Schritt 3.

Mäuschen und Blumen

Das brauchst du:

- Sticknadel und Stickgarn
- dünnen Baumwollstoff
- festen Karton in Weiß
- Sticknadel
- Bildaufhänger aus Papier
- Knöpfe
- breites Klebeband

Vorlagen Seite 126 / 127

1 Schneide aus festem Karton ein Quadrat, 13 cm x 13 cm, aus. Der Baumwollstoff muss mindestens 16 cm x 16 cm groß sein. Lege ihn auf die Vorlage und zeichne das Motiv mit einem weichen Bleistift durch.

2 Die Konturen werden im Stielstich gestickt (siehe Seite 66).

3 Die Blütenblätter stickst du im schiefen Stich oder im Spannstich. Achte darauf, dass die Einstichpunkte eng nebeneinander sind.

4 Klebe den Stoff mit der fertigen Stickerei auf den Karton. Ziehe ihn an den Kanten straff auf die Rückseite und fixiere ihn dort mit breitem Klebeband (Rückseite eventuell noch mit einem 15 cm x 15 cm großen Kartonstück überdecken). Klebe dann den Bildaufhänger in die Mitte.

Mäuse haben dich lieb ...

Die Stickereien haben Mara (7 Jahre), Carolina (8 Jahre), Sara und Nadia (10 Jahre) ausgeführt.

Es weihnachtet sehr…

1 Schneide die Motivteile aus Formfilz aus. Manche Teile werden bestickt, was leichter geht, wenn du die Löcher vorstichst (Schritt 3).

2 Damit der Baumwollstoff stabiler wird, klebst du ihn mit einem Klebestift auf weißen Formfilz. Lass den Klebstoff trocknen, bevor du die Form ausschneidest.

3 Sticke das Muster im Kreuzstich auf. Lege vorher die Vorlage auf und stich die Löcher mit einer Prickelnadel auf einer weichen Unterlage ein.

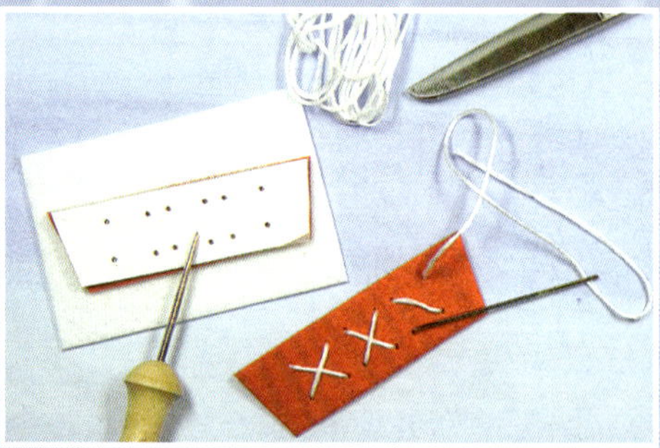

4 Füge danach alle ausgeschnittenen Teile mit Klebstoff zusammen. Du kannst auch noch die Rückseite bekleben, dann brauchst du die Motivteile doppelt.

5 Bringe zuletzt oben eine Aufhängung an und nähe das Glöckchen (oder die Beine) an der Unterkante fest.

Der Kreuzstich besteht aus zwei Einzelstichen, die sich in der Mitte kreuzen: schräg von unten nach oben stechen, den Faden auf der Rückseite zum nebenliegenden Loch führen und schräg von oben nach unten zurückstechen.

Pomponmonster

Das brauchst du:

- festen Karton/Pappe
- Wolle
- Formfilz
- Plüschpompons
- Chenilledraht
- Stecknadeln mit Glaskopf

Vorlagen Seite 125

1 Zum Wickeln der Pompons brauchst du zwei Pappscheiben mit einem Loch in der Mitte. Das Loch lässt sich leichter mit einer Nagelschere ausschneiden.

2 Lege die Scheiben aufeinander und umwickle sie mit Wollfaden. Einfacher geht es, wenn du vorher die Wolle zu einem kleinen Knäuel aufwickelst.

3 Du kannst den Ring auch mit zwei (oder mehreren) Farben umwickeln. Wickle die Wolle so lang herum, bis der Pompon die gewünschte Dicke hat.

4 Schiebe die Scherenspitze dann zwischen die beiden Pappringe und schneide die Wollfäden ringsherum auf.

5 Schiebe die Ringe vorsichtig auseinander und lege einen Wollfaden in den Spalt. Ziehe ihn fest an und knote ihn fest.

6 Damit du einen hübsch runden Pompon erhältst, schneide nun überstehende Wollfäden ab.

7 Als Augen setzt du Plüschpompons oder ausgeschnittene Filzscheiben mit Glaskopf-Stecknadeln auf. Zum Biegen der Füße nimm die Vorlage zu Hilfe. Die Flügel und teilweise auch die Nasen sind aus Formfilz, den du vorher mit Filz- oder Buntstift bemalt hast.

8 Klebe nun alles zusammen. Dafür eignet sich Alleskleber gut. Du kannst die Figuren nach Belieben variieren, zum Beispiel Fühler aus Chenilledraht und Plüschpompons machen.

Kunterbunter Bastelspaß

Auf den nächsten Seiten findest du einfache, aber raffinierte Ideen, für die nicht nur deine Bastelkiste, sondern der ganze Haushalt das Material liefert: Wäscheklammern werden zu Klemmentinis, langweiliges Geschirr wird aufgepeppt, aus Scherben und Knöpfen entstehen beeindruckende Mosaiken und niedliche Glaskerlchen beherbergen fortan deine Schätze.

Vieles, was sonst weggeworfen wird, hat hier seinen großen Auftritt. Dazu gesellen sich Ideen, die das Leben ein bisschen bunter machen. Viele der hier gezeigten Sachen bastle ich in meinen Kursen mit Kindern und Lehrerinnen.

Silvia (9 Jahre)

Ilka (10 Jahre)

Witzige Klemmentinis

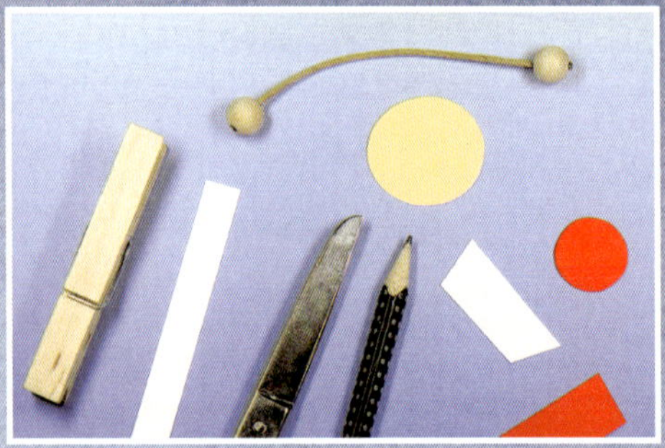

1 Schneide zuerst alle Motivteile aus Fotokarton aus. Die Wäscheklammer wird mit einem passend zugeschnittenen Kartonstreifen beklebt. Klebe auch gleich die Holzkugeln an die Enden des Papierkordeldrahtes.

2 Den Streifen bemalst du nun mit einem Bunt- oder Filzstift mit dem gewünschten Muster. Auch andere Motivteile werden zum Teil bemalt. Weiße Linien zeichnest du mit einem Lackmalstift. Gestalte dann noch die Gesichter mit Stiften und Buntstiftabrieb (Wangen).

3 Zuletzt klebst du alles zusammen. Die Kordel (Arme) befestigst du mit Alleskleber auf der Klammerrückseite. Für die Zöpfe flichtst du drei Papierdrahtstücke und bindest sie auf einer Seite mit Karoband zusammen, bevor du sie hinten auf den Kopf klebst.

Das brauchst du:

- Holzwäscheklammern, 7 cm lang
- Fotokarton
- Transparentpapier
- Papierkordeldraht
- Karobänder, 6 mm breit
- Rohholzperlen, ø 1 cm
- Zwirn

Vorlagen Seite 136

Klemmentinis kannst du für viele Anlässe basteln, wie die Beispiele auf Seite 77 zeigen. Die Klammerkerlchen sind vielseitig einsetzbar: Sie machen sich sowohl als Zettelhalter nützlich, sind aber auch eine hübsche Zierde an Geschenken und kahlen Bilderrahmen.

Milch kaufen
nicht vergessen
Oma anrufen

Das KÜRBISGESPENST passt bestens zur wilden Dosengang. Stecke die Kürbisse mit einem Schaschlikstäbchen zusammen. Die Arme an Zahnstocher kleben und einstecken. Den Mund malst du mit einem wasserfesten Stift auf, die Papiernase wird aufgeklebt. Als Augen dienen Stecknadeln. Auf Seite 124 findest du alle notwendigen Vorlagen.

Käfer und Monster

1 Mische die Farbe mit Sand, so haftet sie besser auf dem Metall, und bemale die Dose damit.

2 Schneide dann ca. 10 cm lange Papierkordelstücke zu. Klebe an eine Seite die Wattekugel und bemale dann die Beine.

Das brauchst du:

- kleine Fischdosen
- feinen Sand
- Acrylfarben
- Wattekugeln, ø 1 cm
- Papierkordeldraht, ø 2 mm
- Fotokarton
- Kreisschablone

Vorlagen Seite 124

3 Zeichne danach gleich- oder unterschiedlich große Augen mithilfe einer Kreisschablone auf Fotokarton und schneide sie aus. Der Mund ist auch aus Fotokarton und wird wie die Augen mit einem Filzstift bemalt.

4 Abschließend klebe Augen und Mund auf die Dose. Die Beine werden mit Heißkleber angebracht, das sollte ein Erwachsener übernehmen.

Perlenmännchen

Das brauchst du:

- gebohrte Rohholzkugeln, ø 2 cm
- runde Glasperlen oder Holzperlen, ø 4–5 mm
- verschiedene Holzperlen, Buchstabenperlen
- Holzhalbkugeln, ø 8–10 mm
- elastischer Faden, ø 0,8 m
- Knöpfe, ø 1,5 cm
- Wolle
- Acrylfarben

Vorlagen Seite 137

1 Stecke die 2 cm große Holzperle auf ein Schaschlikstäbchen und bemale sie mit Pinsel und Acrylfarbe. Punkte mit dem stumpfen Ende eines Schaschlikstäbchens aufsetzen.

2 Die Gesichter malst du mit wasserfesten Stiften oder einem dünnen Pinsel und Acrylfarbe auf. Als Augen kannst du auch bemalte Holzhalbkugeln nehmen.

3 Zuerst fädelst du das Armteil: Mache einen Knoten in den Faden, fädle Perlen (= Arm), einen Knopf (= Halsscheibe) und noch einmal Perlen auf (= zweiter Arm).

4 In einen zweiten Faden machst du wieder einen Knoten und fädelst kleine Perlen (= erstes Bein) und eine große Perle (= Körper) auf. Schiebe den Faden durch den Knopf und fädle den Kopf auf.

5 Bringe dann einen Aufhänger an und schiebe den Faden nach unten zurück, bis du das zweite Bein auffädeln kannst.

6 Verknote die Schnur eng an der Perle und gib etwas Klebstoff auf alle Knoten.

7 Gib mit einem Zahnstocher etwas Leim in das obere Loch und drücke die Haare hinein, fertig ist der Talisman!

Ob Ein- oder Zweibeiner, alle Perlenmännchen werden wie links beschrieben gemacht.

Buntes Geschirr

1 Übertrage die Vorlage umgekehrt auf die Rückseite der Dekorfolie (auf das Schutzpapier) und schneide das Motiv aus. Du kannst auch Motive mit einem Motivlocher ausstanzen, zum Beispiel die Sterne.

2 Lege die Folie kurz in einen Teller mit Wasser. Die Folie löst sich vom Trägerpapier und lässt sich auf deine Keramik schieben. Streiche das Motiv mit den Fingern von innen nach außen glatt und tupfe überschüssige Feuchtigkeit mit einem Haushaltspapier ab.

3 Lass das Ganze 24 Stunden bei Raumtemperatur trocknen. Dann ergänzt du die restlichen Linien mit Porzellanmalstiften. Mit diesen lässt sich deine Keramik auch beschriften.

4 Zuletzt härte die Keramik nach Herstellerangaben im Backofen aus. Danach ist das Geschirr von Hand spülbar.

Das brauchst du:

- weißes Geschirr
- Color-Decor Folie 180 Grad (Bastelladen)
- Porzellanmalstifte
- Motivlocher
- Teller mit Wasser, Haushaltspapier

Vorlagen Seite 125

Liebenswert gestaltete Teller, Tassen, Schüsseln und Eierbecher sind schöne Geschenke. Zu Ostern verschenke bunte Eier dazu, zu Weihnachten selbst gebackene Plätzchen. In die Tassen kannst du Tütchen mit allerlei Süßigkeiten, wie Schokotäfelchen, Gummibonbons oder Pralinen, tun.

Von Herzen

Das brauchst du:

- Metallprägefolie
- Moosgummi oder eine andere weiche Unterlage
- wasserfesten Filzstift
- dünnen Silberdraht
- Glasperlen und Strasssteine
- UHU hart

Vorlagen Seite 136 / 137

1 Befestige die auf Transparentpapier abgepauste Vorlage (bei Schriftzügen seitenverkehrt) mit Klebefilm auf der Metallfolie.

2 Lege die Metallfolie dann auf eine Moosgummiplatte oder eine andere weiche Unterlage. Nun ziehst du alle Linien sorgfältig und mit gleichmäßigem Druck mit einem Kugelschreiber nach.

3 Löse danach die Vorlage von der Folie und ziehe die Linien noch einmal mit einem weichen, stumpfen Bleistift nach.

4 Nun kannst du die Metallfolie wenden, sodass die schöne Seite der Gestaltung oben liegt (Linien sind erhaben), und mit einer Prickelnadel in gleichmäßigen Abständen Löcher in manche Linien stechen.

5 Schneide dann die Form rundherum aus, aber lass dabei einen Rand von ca. 3 mm stehen.

6 Nach Belieben malst du nun noch manche Flächen mit einem wasserfesten Filzstift aus.

7 Als Aufhängung stecke einen dünnen Draht durch eines der oberen Löcher und verdrehe das Drahtende mit dem Draht. Hübsch sieht es aus, wenn du den Aufhängedraht mithilfe eines Schaschlikstäbchens lockst und zwischendurch (auf den noch nicht geringelten Draht) Perlen auffädelst.

8 Weitere Verzierungen wie Strasssteine, Halbperlen oder Glasnuggets klebst du mit UHU hart auf.

Vielerlei kannst du aus Metallfolie in der Präge- und Prickeltechnik gestalten. Auch die Bilder- und Spiegelrahmen werden wie links beschrieben gestaltet (bis Schritt 6) und dann mit Uhu hart auf dicken Karton, 17 cm x 17 cm, geklebt. Bringe nun die Aufhängung an. Erst danach verzierst du den Rahmen mit Ziersteinen und klebst das Foto (am besten mit starkem doppelseitigem Klebeband) oder eine Spiegelfliese, 11,5 cm x 11,5 cm, in die Mitte.

Festtagskerzen

1 Überlege dir zuerst, an welchen Stellen du die Kerze bemalen möchtest. Alles, was unbemalt bleiben soll, decke mit Malerkrepp ab. Drücke das Klebeband gut an.

2 Drücke die Farbe aus dem Wachsstift auf einen Teller und streiche oder tupfe sie mit einem Pinsel auf. Entferne dann vorsichtig das Kreppband und lass die Farbe trocknen.

3 Stich nun Ornamente aus Wachsplatten aus (oder du schneidest sie mit einem spitzen Messer aus). Zum Befestigen drückst du sie einfach auf die Kerze. Das geht am besten bei Zimmertemperatur mit warmen Händen.

Bunte Kerzen mit hellem Schein .....

4 Größere Punkte kannst du mit einem Wattestäbchen aufsetzen, ...

5 ... kleine Punkte und Linien direkt mit dem Wachsstift. Alles gut trocknen lassen.

... machen's gemütlich, warm und fein

Das brauchst du:

- Kerzen, ø 6 cm, 13 cm hoch
- Verzierwachsplatten
- Malerkrepp, 1 cm und 3 cm breit
- Wachsstifte
- Ausstechformen: Stern, Blume, Herz, Blatt
- Strasssteine

Vorlagen Seite 124

glug glug ... kunterbunte und fidele Fische
glug glug ..... glug

Bunter Fischschwarm

Das brauchst du:

- Styroporkugeln, ø 10 cm oder 8 cm
- Wattekugeln, ø 3 cm oder 2 cm
- Tapetenkleister
- Wellpappestreifen, 2 cm breit, 10 cm lang
- Tapetenkleister
- Zeitungspapier
- Acrylfarben
- Wackelaugen, ø 1 cm
- Klebstoff für Styropor

Vorlagen Seite 128

1 Schneide von den Wattekugeln (Augen) ein Stück ab und klebe sie auf die Styroporkugel. Den Wellpappestreifen erst zu einem Ring biegen, dann festkleben. Flossen und Schwanz werden eingesteckt, schneide dazu mit einem Messer Schlitze in der Kugel.

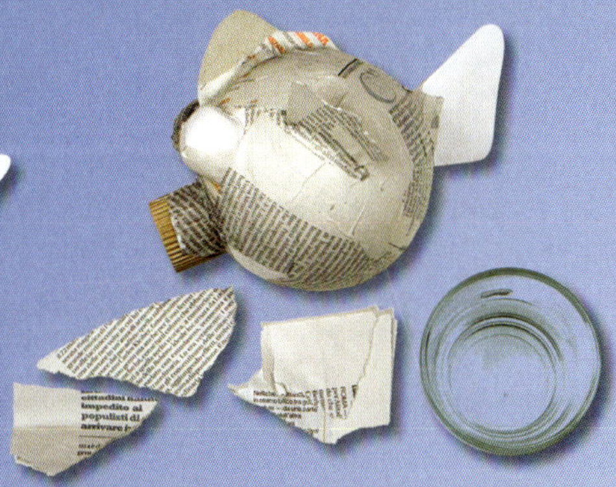

2 Danach kaschierst du alles mithilfe von Tapetenkleister mit Zeitungspapierschnipseln (ca. 4 cm x 4 cm): Streiche die Figur dick mit Kleister ein und klebe die Schnipsel überlappend auf. Vor dem Trocknen alles glattstreichen.

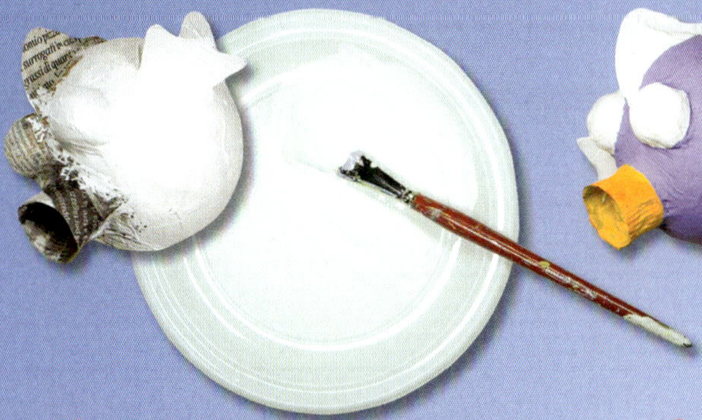

3 Bemale die Figur zuerst mit weißer Acrylfarbe, um die Schrift zu überdecken und einen gleichmäßigen Untergrund zu erhalten.

4 Nach dem Trocknen bemalst du den Fisch mit bunten Farben. Damit sie nicht ineinanderlaufen, lass jede Farbe trocknen, bevor du eine andere daneben setzt. Wieder trocknen lassen.

5 Nun kommen die Verzierungen, die du mit Pinseln und Wattestäbchen aufsetzt und -druckst.

6 Zuletzt klebst du die Wackelaugen auf. Der Kleber lässt sich gut mithilfe eines Holzstäbchens auftragen.

Bienchen & Co

1 Beklebe die Flächen, die unbemalt bleiben sollen, mit Malerkrepp. Dann schneide ein Stück von der Wattekugel ab und klebe sie als Nase auf die Kugel. Trage nun die Strukturpaste mit den Fingern auf Glas, Deckel und Kopf auf.

2 Nach dem Trocknen ziehst du das Malerkreppband ab und bemalst die mit Strukturpaste grundierten Flächen.

3 Danach gestaltest du das Gesicht mit einem schwarzen Filzstift und rötest die Wangen mit Buntstiftabrieb. Weiße Lichtpunkte (Lackmalstift) lassen das Gesicht lebendiger wirken. Klebe dann den Kopf auf den Deckel.

4 Nun die Fühler anbringen: Dazu stichst du zwei Löcher mit einem Schaschlikstäbchen vor und steckst den Chenilledraht ein. Die Pompons klebst du an die Drahtenden. Zuletzt noch ein Schleifchen binden und festkleben.

Das brauchst du:

- Konservenglas mit Schraubverschluss
- Styroporkugeln, ø 7 cm
- Wattekugeln, ø 1,5 cm
- Malerkrepp, 3 cm breit
- Leichtstrukturpaste
- Acrylfarben
- Schleifenbänder
- Chenilledraht
- Pompons, ø 1,5 cm

Vorlagen Seite 138

Clown und Schwein ... passen auf deine Schätze auf ......

Für ein BLÜMCHEN brauchst du eine halbe Styroporkugel (ø 5 cm). Schneide die Blüte aus Formfilz aus. Streiche dann Kugel und Deckel mit Strukturpaste ein (so lässt sich Metall auch mit normalen Farben bemalen, Styropor bekommt eine schönere Oberfläche). Gut trocknen lassen, dann mit Acrylfarben bemalen. Zuletzt alles zusammenkleben.

Der CLOWN wird wie die Biene angefertigt, seine Nase ist aber etwas größer (ca. 2 cm). Zum Einstecken der Haare stichst du wieder Löcher vor. Gib dann etwas Klebstoff auf die Bastenden und stecke sie ein. Den Velourszylinder mit Alleskleber befestigen.

Übrigens: Auf gewölbte Untergründe kannst du die Gesichtsvorlage am besten mit weichem Seidenpapier übertragen, da es sich der Form besser anpasst als Transparentpapier.

Auch das SCHWEINCHEN wird wie links beschrieben angefertigt. Als Schnauze dient ein Flaschenverschluss aus Kunststoff. Die Ohren aus Fotokarton werden vor dem Einstreichen mit Strukturpaste ins weiche Styropor gesteckt. Schneide dazu mit einem Küchenmesser entsprechend lange Schlitze in die Kugel.

Scherbenpuzzles

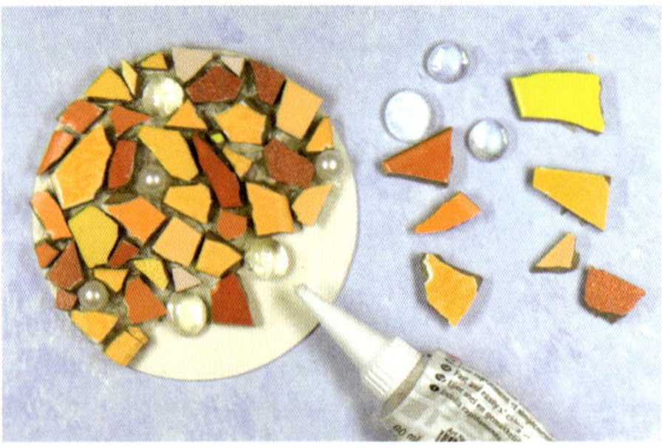

1 Zerschlage die Fliesen in einem Plastikbeutel (oder altem Handtuch). Lege die Fliese hinein und schlage dagegen, bis die Stücke die richtige Größe haben. Dann mit etwa 3 mm Abstand aufkleben und über Nacht trocknen lassen.

2 Rühre die Fugenmasse cremig an und streiche sie mit einem Spachtel über das Werkstück. Fülle alle Fugen bis an den Rand. Kurz antrocknen lassen.

3 Dann entfernst du die überschüssige Masse und wischt die Scherben sauber. Über Nacht trocknen lassen und am nächsten Tag nachpolieren.

Das brauchst du:

- Steingutfliesen
- Glasnuggets, Perlen, Mosaiksteine
- Muscheln, Kieselsteine
- feste Plastiktüte, Hammer
- Mosaikkleber
- Fugenmasse
- Bierdeckel, Schachteln
- Spachtel, Tuch und Schwamm

Mosaike kannst du mit den unterschiedlichsten Materialien auf allen festen Untergründen anfertigen. Klebe die Stücke alle etwa gleich hoch auf, sonst verschwinden sie beim Verfugen deiner Arbeit schnell einmal. Fertig zugeschnittene Mosaiksteine (quadratisch) in verschiedenen Größen erhältst du überall dort, wo es Hobbybedarf gibt.

Schmuck und Accessoires

1 Für die Blüte brauchst du ein Stück FIMO®, das du gut durchknetest und zur Wurst formst. Schneide kleine Stücke davon ab und rolle sie zu Kugeln. Diese legst du zum Ring und drückst die Rillen mit einem Schaschlikstäbchen ein. Eine gelbe Kugel ist die Blütenmitte.

2 Gepunktete Kugeln entstehen, indem du auf eine Kugel winzige andersfarbige Kügelchen setzt und sie durch Rollen in deiner Hand fixierst.
Für Spiralstangen verdrehst du zwei FIMO®-Würste miteinander und rollst sie dann in der Hand oder auf dem Tisch glatt.

3 Für Millefiori-Muster ummantelst du dünne Würstchen mit einer FIMO®-Platte (mit Glasflasche auswalzen). Vorsichtig in der Hand drücken und rollen, bis alles verbunden ist und die Wurst die gewünschte Stärke hat. Dann einzelne Scheiben abschneiden.
Alle Perlen auf Steckdraht spießen und im Ofen nach Herstellerangaben aushärten.

Das brauchst du:

- ofenhärtende Modelliermasse, z.B. FIMO® soft
- Schaschlikstäbchen
- Steckdraht
- Messer
- Nadel und Zwirn
- Holzperlen, ø 6 mm

Mit FIMO® lassen sich tolle Accessoires und Dekorationen gestalten: Anhänger für dich und deine Freunde, individuelle Ketten und Armbänder, Broschen und sogar Schachteln, Magnete und Briefbeschwerer. Die Motive auf Seite 95 sind alle originalgroß abgebildet, du kannst sie direkt aus dem Buch abpausen.

Farbenfrohes Malen, Zeichnen und Drucken

Fingerdruck, Kleisterpapier, Kartoffelstempel, Absprengtechnik – die meisten der Mal- und Drucktechniken in diesem Kapitel habe ich bereits als Kind gelernt. Weil jedoch die Möglichkeiten, immer neue Muster- und Farbkombinationen auszuprobieren, unerschöpflich sind, setze ich sie noch heute gerne in meinen Designs ein.

Die verschiedensten Sachen lassen sich bemalen und bedrucken: zum Beispiel Keilrahmen und Schuhkartondeckel, kleine Kästchen und Schachteln, Stoff oder Packpapier. Dabei sind die Arbeiten nicht nur dekorativ, sondern zeigen als Heft- oder Bucheinbände ihre praktische Seite.

Philipp (10 Jahre)

Andrè (9 Jahre)

Fingerdruck

1 Die Farbe sollte zum Fingerdrucken eine cremig Konsistenz haben (wie Joghurt). Gib sie am besten auf einen Plastikteller.

2 Dann tauchst du die Fingerspitze in die Farbe und drückst den Finger auf den Fotokarton. Für größere Abdrucke nimmst du den Daumen, für kleinere die anderen Finger.

3 Die weißen Augenpunkte werden mit dem Pinselstiel gemacht. Für noch größere Punkte, wie beim Frosch, kannst du auch ein Wattestäbchen nehmen. Lass die Farbflächen immer trocknen, bevor du eine andere Farbe aufsetzt.

4 Die Details, wie Gesichter, Accessoires und Kleidung, malst du mit Bunt- oder Filzstiften auf. Lackmalstifte und Dekomarker sind auch auf bunten Farbflächen hochdeckend, das heißt, die Untergrundfarbe scheint nicht durch.

Das brauchst du:

- Farben, wie Acryl-, Finger- oder Temperafarben
- Fotokarton und Karten
- Dekomarker oder Lackmalstifte
- Lochzange und Satinbänder, 3 mm breit

Mit Fingerdrucken kannst du nach Herzenslust alles Mögliche verzieren. Hübsch sehen Papierteile wie die Anhänger aus, wenn du sie rahmst. Dazu klebe den Anhänger einfach auf ein etwas größeres Stück Papier und schneide ihn mit einem Rand von ca. 3 mm aus.

Tapetenkleisterkunst

Das brauchst du:
- dickes weißes Packpapier
- Tapetenkleister
- Acryl- oder Temperafarben
- für Muster: Kamm, Gabel, Heißkleberstäbchen, Wattestäbchen, Spachtel, Schaschlikstäbchen

Vorlagen Seite 136

1 Lege das Packpapier mit der glatten Seite vor dich und streiche einen ca. 10 cm hohen Streifen mit Tapetenkleister ein.

2 Trage dann mit einem dicken Pinsel die bunte Farbe darauf auf. Sie sollte recht dickflüssig sein.

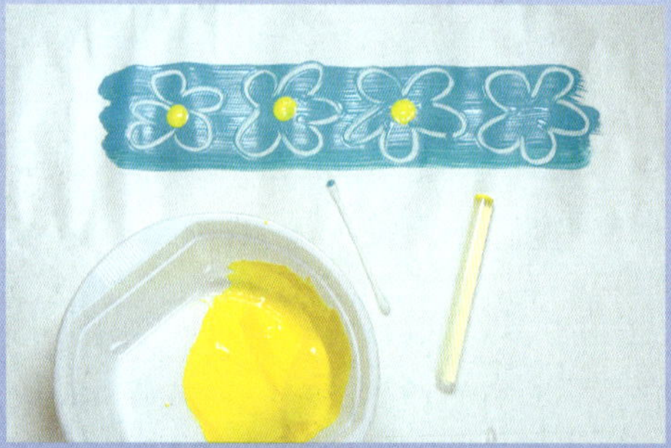

3 Male nun mit einem Hilfsmittel (etwa Wattestäbchen) Muster und Formen in die feuchte Farbe. Durch die Kleistergrundierung löst sich die bunte Farbe und der weiße Untergrund scheint durch. Du kannst auch noch Muster aufdrucken, zum Beispiel mit einem Heißkleberstäbchen.

4 Dann gestaltest du den nächsten Streifen, den du mit etwas Abstand unter den ersten setzt. Hier wurden Wellen mit einem Kamm eingezogen.

5 Beim dritten Streifen werden die Linien mit einer Gabel eingeritzt. Mit einem Stäbchen oder Ähnlichem kannst du die kleinen pinkfarbenen Punkte aufsetzen. Danach alles gut trocknen lassen.

Hier siehst du einige Beispiele für Hilfsmittel zum Malen und Drucken. Alles mögliche aus dem Haushalt lässt sich verwenden: vom Heißkleberstäbchen aus Muttis Bastelkiste über eine Gabel aus der Küchenschublade bis hin zum Zahnspachtel aus Papas Werkstatt.

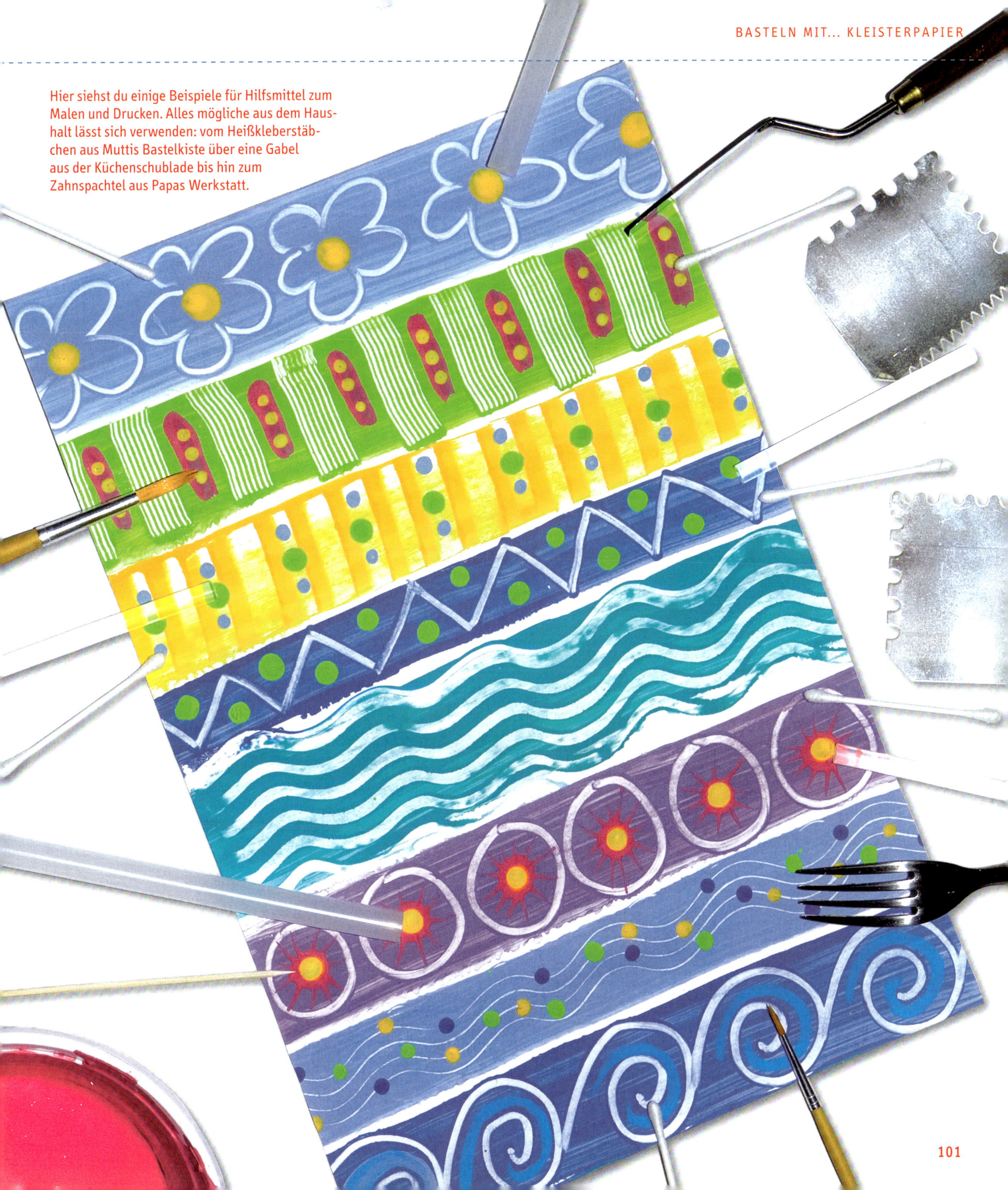

tralala .... bunte Dinge ...

Auf diesen Seiten kannst du dich von der bunten Vielfalt an Mustern und Farbkombinationen inspirieren lassen. Die Kleisterpapiere sind nicht nur schön anzuschauen, sondern lassen sich auch vielseitig einsetzen:

So kannst du EINBÄNDE machen, um deine Schulhefte oder Lieblingsbücher vor Verschmutzungen zu schützen. Miss vorher die Größe des Heftes/Buches genau aus, sodass du das Papier entsprechend gestalten kannst. Besonders wirkungsvoll sieht es aus, wenn die gestaltete Fläche (nicht das ganze Blatt!) zu allen Seiten ca. 5 mm kleiner als dein Heft/Buch ist. Durch die Weißfläche erhält dein Kleisterbild einen schönen Rahmen.

Bestens geeignet ist Kleisterpapier auch zum Einpacken von Geschenken. Reste des GESCHENKPAPIERS kannst du für GESCHENKANHÄNGER verwenden.

Edel wirken die Kleisterpapierreste, wenn du sie viereckig zuschneidest und rahmst (siehe Seite 8).
Besonders strahlend wirken die Farben, wenn du mit Kontrasten arbeitest. Kontrastfarben sind die Farben, die sich im Farbkreis gegenüberstehen, wie Gelb und Blau oder Lila und Orange. Sanfte Harmonien erzielst du, wenn du Farben kombinierst, die im Farbkreis nahe beisammen stehen.

Auch SCHACHTELDECKEL lassen sich mit Kleisterpapier bekleben oder du bemalst die Schachteln direkt mit Tapetenkleister und Farbe.

.... machen lustig ....

Bea vom Blocksberg

Das brauchst du:
- Baumwollartikel (Bastelladen)
- große Korken oder Holzklötze
- Moosgummi
- Stoffmalfarbe
- Stoffmalstifte
- UHU® hart

Vorlagen Seite 130

1 Mache zuerst die Stempel: Übertrage die Formen auf Moosgummi und schneide sie aus. Klebe das Moosgummi dann mit Uhu® hart auf Korken oder Holzklötzchen. Platziere die Form irgendwo am Rand, nicht in der Mitte, dann lässt sich der Stempel später leichter positionieren. Gut trocknen lassen.

2 Trage die Stoffmalfarbe möglichst gleichmäßig auf den Moosgummistempel auf und drücke ihn auf den Stoff. Damit die Farbe schneller trocknet, kannst du mit einem Föhn nachhelfen. Mit Stempeln machst du das Kleid, den Kopf und den Hut der Hexe sowie Kopf und Körper der Katze.

3 Die Details, wie Sterne, Haare und Gesicht, malst du mit Stoffmalstiften auf. Manchmal kannst du die Fläche auch noch mit einem etwas dunkleren Stoffmalstift schattieren, wie zum Beispiel die Ränder der Sterne oder die Fenster.

4 Die Umrisse der Stadt zeichne zuerst mit einem schwarzen Stoffmalstift vor, auch die Fenster, bevor du die Flächen mit Stoffmalfarbe oder Stoffmalstiften füllst. Lass eine Fläche immer gut trocknen, bevor du eine andere Farbe daneben setzt, damit nichts verläuft oder verwischt.

Mit den gleichen Druckformen sind auch diese Figuren gemacht. So lassen sich Taschen, Schürzen, Beutel und vieles mehr farbenfroh verzieren. Im Bastelladen gibt es auch glitzernde Stoffmalfarbe – das Richtige für Feen, gute Hexen und Zauberer!

Wachsmalerei

Das brauchst du:

- Aquarellpapier
- Wachsmalkreiden
- Föhn
- Wasser- oder Aquarellfarben

1 Male dein Motiv mit Wachsmalkreiden auf das Aquarellpapier. Drücke dabei fest mit den Stiften auf und male die Flächen vollständig aus, damit sich später keine Wasserfarbe dazwischensetzt.

2 Du kannst die Flächen zusätzlich noch föhnen. Dabei schmilzt das Wachs und bildet eine geschlossene Schicht, von der die Wasserfarbe abperlt.

3 Verdünne die Farbe mit Wasser und trage Sie mit einem breiten Pinsel über das gesamte Bild auf. Sie haftet nur auf den unbemalten Flächen.

Falls du kein Aquarellpapier hast, kannst du für diese Technik auch weißes Packpapier verwenden. Gemalt wird auf der rauen Seite.

Die Gestaltungsmöglichkeiten sind vielfältig: Du kannst Bilder malen, mit denen sich Karten und Kalender verzieren lassen, Hefteinbände gestalten, natürlich auch Geschenkpapier machen und noch vieles mehr. Eine schöne Geschenkidee ist das Memo-Spiel. Dafür klebst du das bemalte Papier mit einem Klebestift auf fertige Memorykarten (Bastelladen) und schneidest sie randbündig zu.

Male dich selbst!

1 Male mithilfe eines Spiegels deine Gesichtsform mit Bleistift auf das Papier. Danach setze Augen, Mund, Haare usw. auf. Der Körper füllt den unteren Bildbereich. Wenn dir alles gefällt, ziehe die Linien mit einem dünnen schwarzen Filzstift nach und radiere übrige Linien nach dem Trocknen weg. Danach alles mit Bunt- und Filzstiften ausmalen.

2 Schneide das Bild quadratisch aus, klebe es auf Tonpapier und schneide es mit einem Rand von rundum ca. 2 mm aus. Klebe das Bild dann nochmals auf ein andersfarbiges, etwas größeres Blatt Papier und schneide es mit einer Konturenschere aus.

3 Das Bild schmückt den Einband eines Geschenkbuches (21 cm x 21 cm). Klebe es mittig auf das Deckblatt, loche alle Seiten und binde sie mit Satinband zusammen. In ein aufklappbares Herz (siehe Vorlage, Seitenteile an Herzform ankleben) kannst du eine geheime Botschaft schreiben.

Das brauchst du:

- Zeichenpapier
- Filzstifte und Buntstifte
- Zacken- und Wellenrandschere
- Tonpapier, Fotokarton
- Satinbänder
- Locher

Vorlagen Seite 138

Bianca (6 Jahre) und Niccolò (7 Jahre) beim Malen ihrer Portraits.

Eine witzige Kombination aus Foto und gemaltem Portrait bekommst du, wenn du dich gleich nach dem Malen fotografieren lässt. Mit deinem Portrait lässt sich auch ein Briefbehälter machen. Einfach das untere Drittel des A4-Blattes nach oben falten und an den Seitenrändern festkleben.

Elisabeth, 10 Jahre

Andrè, 9 Jahre

Philipp, 10 Jahre

Livia, 10 Jahre

Clown Habakuk & friends

1 Bemale den Keilrahmen in Hellblau, das geht schnell mit einem breiten Pinsel. Während die Farbe trocknet, kannst du deine (selbst gemalte) Vorlage abpausen.

2 Übertrage die Vorlage auf den Keilrahmen. Male zuerst das Gesicht, dann den Mund und die Augen, danach die Haare. Verwende dafür verschiedene (ähnliche) Farben, dann sieht das Haar lebendiger aus.

3 Wenn die Farben getrocknet sind, folgen das Aufkleben der Nase mit Alleskleber und das Aufmalen des Hutes.

4 Die Augenbrauen sind mit Buntstift, die Wangen mit Buntstiftabrieb gemalt. Schön rund werden die Pupillen, wenn du sie mit einem Heißkleberstäbchen (oder Rundholz) aufsetzt. Lichtpunkte lassen das Gesicht lebendiger wirken. Zuletzt die Fliege aufkleben (Krepppapier in der Mitte mit einem schmalen Streifen abbinden).

Das brauchst du:

- Keilrahmen, 30 cm x 30 cm
- Acrylfarben
- Rohholzhalbkugel, ø 2,5 cm
- kleine Holzblume oder andere Accessoires
- Krepppapier in Hellblau

Vorlagen Seite 133

Großer Stempelspaß

1 Zum Stempeln von Rentier, Schneemann und Blumen brauchst du zwei Kartoffeln: eine größere und eine kleinere. Schneide sie in der Mitte durch und trockne sie auf Küchenpapier.

2 Du hast nun (mehr oder weniger) runde Stempel, die geeignet sind für Köpfe und Bäuche. Oder du schneidest die Kartoffel würfelig zu, wie bei den Geschenken.
Andere Formen, wie die Blüte und Blätter, erhältst du mithilfe von Ausstechformen. Drücke den Ausstecher ca. 5 mm tief in die Kartoffel und schneide den Kartoffelrand rundum mit einem Küchenmesser weg.

3 Trage dann die Farbe mithilfe eines Pinsels gleichmäßig auf deinen Kartoffelstempel auf und drücke ihn fest auf den Untergrund. So stempelst du alle benötigten Motivteile nebeneinander. Lass die Farbe gut trocknen.

4 Die Details wie Ohren, Nase, Geweih, Beine und Schal malst du danach mit einem Lackmalstift und Bunt- und Filzstiften auf.

Mit Kartoffeldrucken kannst du Hefteinbände dekorieren oder kleine Geschenktaschen und Packpapier gestalten. Auch mit anderem Gemüse lässt sich stempeln, zum Beispiel die Blütenmitte mit einer Möhre. Hut und Baum beim Schneemann sind mit Moosgummistempeln gemacht (Technik ist auf Seite 104 beschrieben).

Das brauchst du:

- Kartoffeln
- Küchenmesser
- Ausstechformen
- Acrylfarben
- Packpapier, Geschenktüten
- Filzstifte, Buntstifte, Lackmalstifte

Vorlagen Seite 139

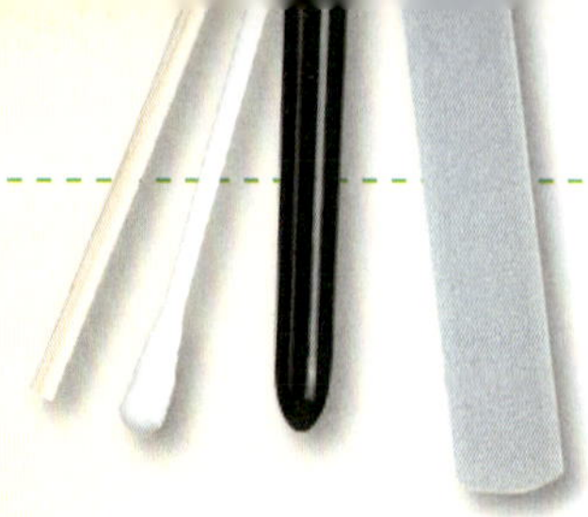

Pünktchen-Malerei

1 Übertrage zuerst die Zeichnung auf den ausgewählten Untergrund. Bei geometrischen Mustern genügt es, wenn du wichtige Linien mit Bleistift und Lineal vorzeichnest.

2 Male nun die Flächen mit Pinsel und Farbe aus. Lass immer eine Farbfläche trocknen, bevor du die danebenliegende ausmalst, sonst verlaufen die Farben (eventuell mit einem Föhn nachhelfen).

3 Die Punkte werden aufgedruckt, je nach Durchmesser deines Stäbchens werden sie größer oder kleiner. Die Farbe sollte eine cremige Konsistenz haben. Tauche das Stäbchen hinein und drucke den Punkt auf den Untergrund. Für schöne Abdrucke nimm für jeden Punkt neue Farbe auf.

Das brauchst du:

- Acrylfarben
- Wattestäbchen, Schaschlikstäbchen, Heißkleberstäbchen, Rundhölzer in verschiedenen Durchmessern
- kleine Pappschachteln, Schuhkartondeckel

Vorlagen Seite 133 / 134

Diese Maltechnik erinnert an die Malerei der Ureinwohner Australiens, die Aborigines. Erdtöne wie Rot, Braun, Grün, Gelb und Orange passen gut dazu. Mit den Mustern kannst du Rahmen, Schachteln und Bilder gestalten.

Die beiden Bilder sind auf Schuhkartondeckel gemalt. Zeichne zuerst den Rand mit Bleistift und Lineal auf und übertrage dann das Motiv in der passenden Größe. Auch hier malst du wieder alle Flächen farbig aus, bevor du die Punktmuster aufsetzt. Die Zunge der Schlange mit Filzstift aufmalen.

Diese Art zu malen ist einfach, das Pünktchensetzen braucht aber Zeit. Allerdings ist diese Malerei genau das Richtige, wenn du mal so richtig „sauer" bist, denn du kannst dabei herrlich entspannen – und erhältst nebenbei tolle Kunststücke!

Leuchtende Lichter

1 Schneide die Folie in ca. 10 cm x 10 cm große Stücke und bemale sie mit Windowcolor in verschiedenen Farbe. Gut trocknen lassen.

2 Inzwischen bemalst du die Teelichter mit einem Borstenpinsel mit heller Windowcolor-Farbe. Das wirkt besonders gut, wenn du die Farbe auftupfst. Wieder trocknen lassen.

3 Schneide nun die Folienstücke in kleine Quadrate oder Rechtecke. Oder du stanzt Formen mit einem Motivlocher aus.

4 Als Nächstes trage transparente Windowcolor auf und klebe damit die Motive fest. Streiche sie danach noch einmal mit der Transparentfarbe ein, damit sie gut haften bleiben. Arbeite so stückchenweise rund ums Windlicht.

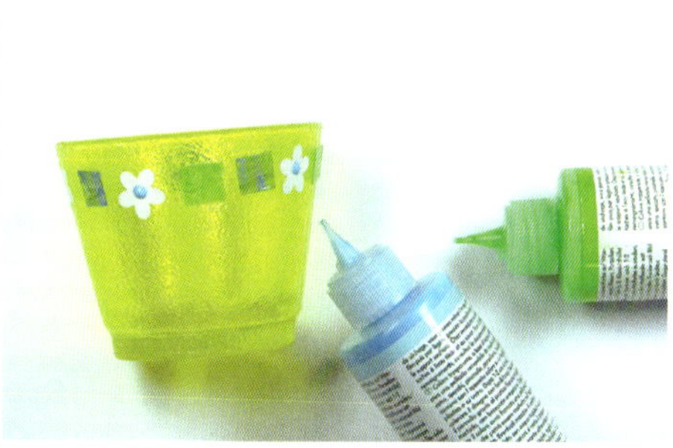

5 Danach kannst du noch Punkte und Linien aufmalen. Besonders langlebig sind die Tischlichter, wenn du sie mit Klarlack lackierst.

Das brauchst du:

- Teelichter aus Glas
- Windowcolor
- Windowcolor-Malfolie
- Motivlocher
- Klarlack, matt oder glänzend

Stadt in der Nacht

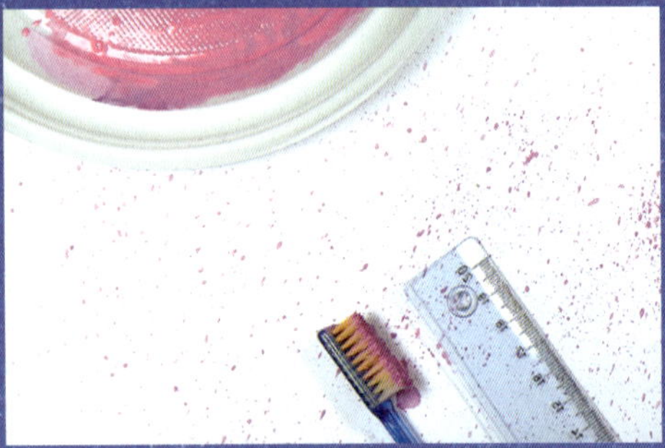

1 Die Papiere werden selbst gestaltet. So geht die Spritztechnik: Mische die Acrylfarbe in einem Teller mit wenig Wasser und trage sie mit einem Pinsel auf die Zahnbürste auf. Reibe mit dem Finger oder einem Lineal über die Borsten, dabei spitzt die Farbe aufs Papier.

2 Schwammtechnik: Tauche den Schwamm in die Farbe (mit Wasser verdünnt) und tupfe ihn auf den Untergrund. Trocknen lassen und nach Belieben mit einer anderen (ähnlichen) Farbe wiederholen.

3 Wischtechnik: Nimm mit einem dicken Pinsel Farbe auf und streiche sie mit leichtem Strich aufs Papier. Trocknen lassen und nach Belieben mit einer anderen (ähnlichen) Farbe wiederholen, auch in entgegengesetzte oder schräge Richtung.

... nur Mond und Eule sind noch wach ...

Das brauchst du:

- Fotokarton
- Acrylfarben
- alte Zahnbürste, Lineal
- breiten Borstenpinsel
- Naturschwamm

Vorlagen Seite 134 / 135

Die Papiere für die Stadtsilhouette sind in den drei auf Seite 18 gezeigten Techniken bemalt. Besonders schön werden die Papiere, wenn du sie „Ton in Ton" gestaltest. Dazu malst du beispielsweise mit Orange auf gelbem, mit Blau auf hellblauem, mit Violett auf rosarotem Karton. Wenn du ausreichend viele Papiere gestaltet hast, kannst du anfangen, daraus Häuschen, Bäume, Stern und Tiere auszuschneiden. Klebe sie wie abgebildet zusammen und befestige sie an der Fensterrahmenkante am Fenster. Von innen und außen hübsch ist das Fensterbild, wenn du die Papiere von beiden Seiten gestaltest.

Vorlagen

Bunte Tischdekoration
Seite 12/13

Henne Hilda

Seite 14/15

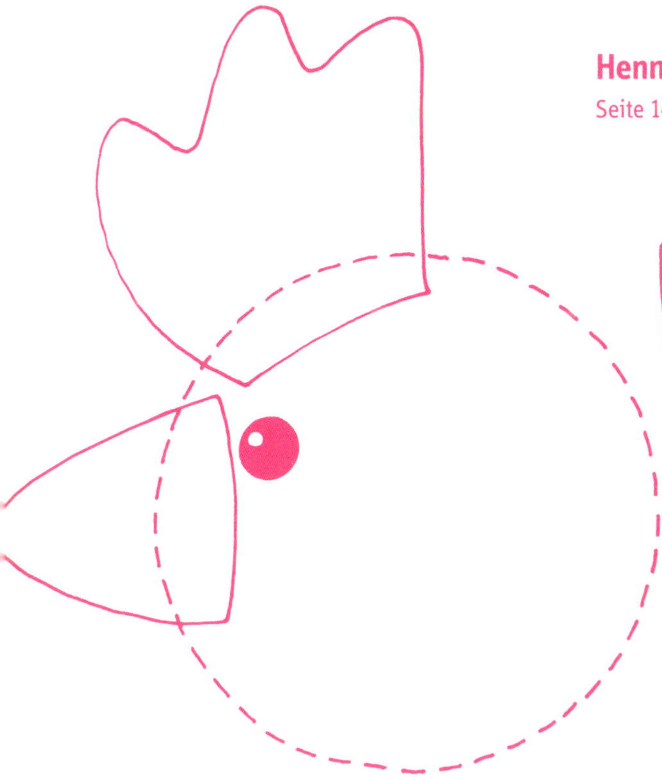

Blüte auch für

Bunte Tischdekoration

Tischlicht

Seite 13

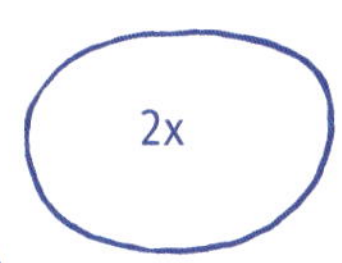

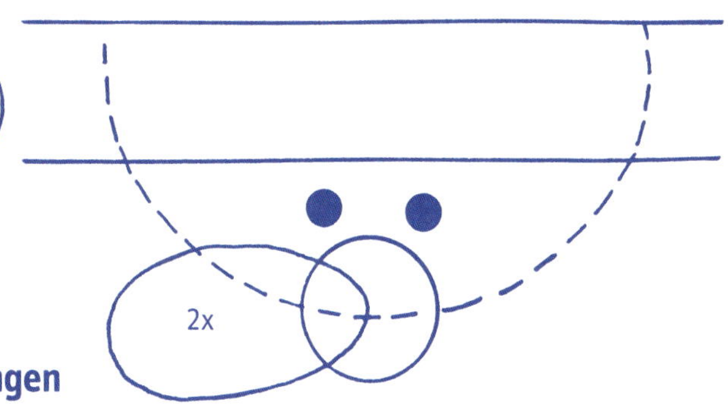

Geschenkverpackungen

Seite 16 /17

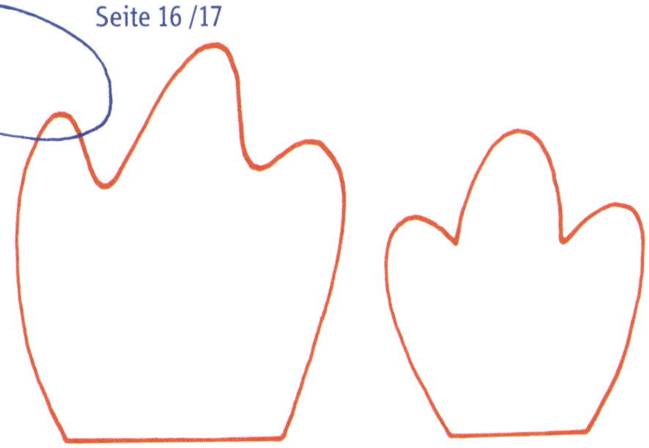

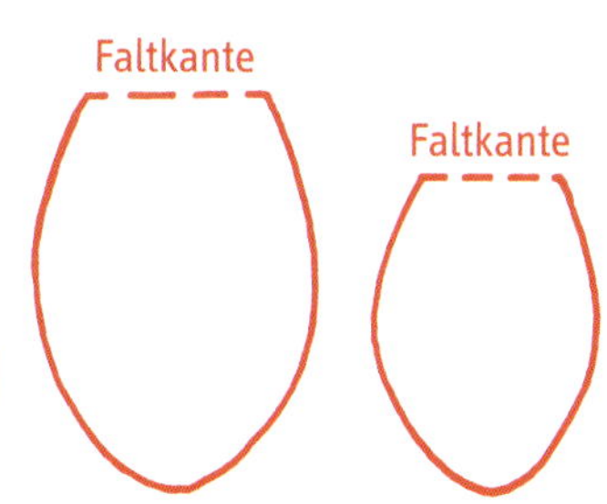

Eier und Hennen

Seite 32/33

Wackelmännchen

Seite 29

Geisterstunde

Seite 18/19

Libelle & Co

Seite 20/21

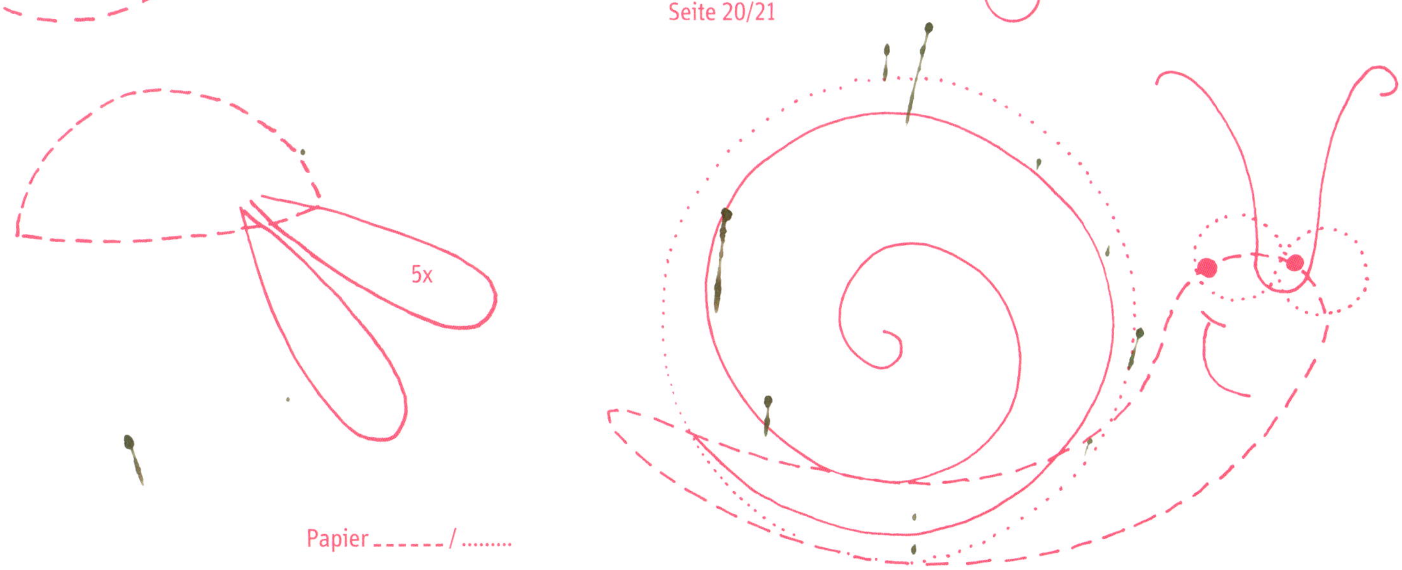

Papier ------ / ....

Chenilledraht ———

Festtagskerzen

Seite 86/87

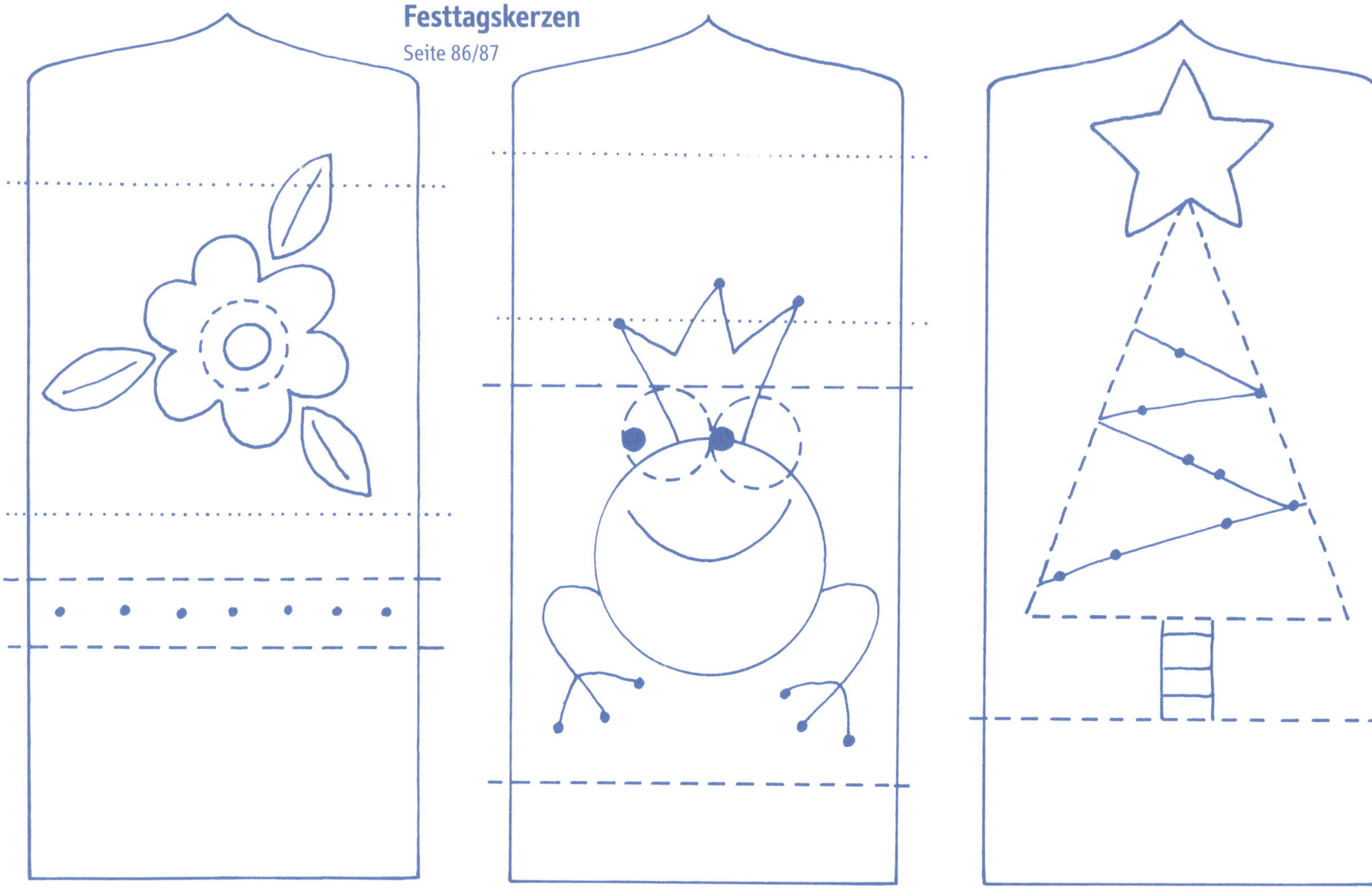

Käfer und Monster

Seite 78/79

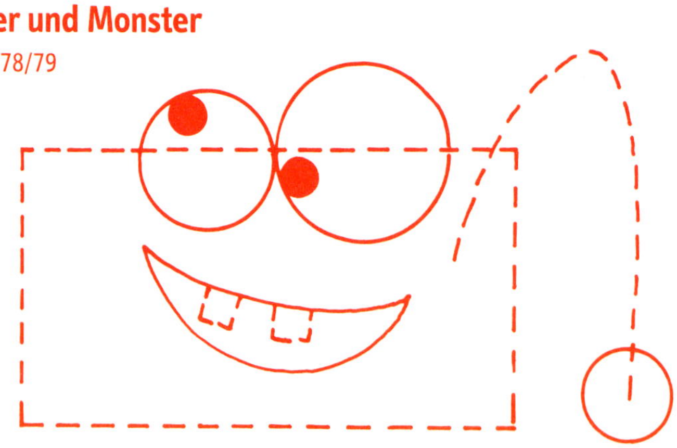

Buntes Geschirr

Seite 82/83

Pomponmonster

Seite 72/73

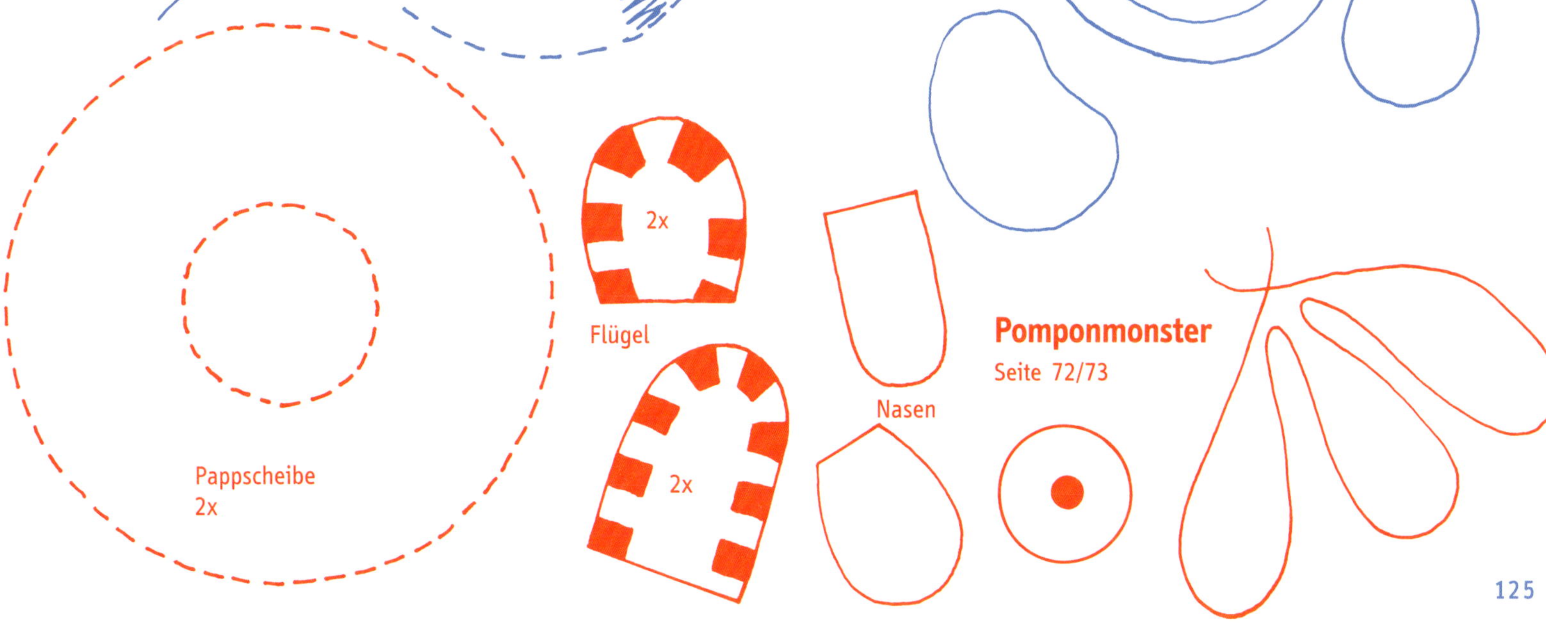

Alle auf dieser Doppelseite abgebildeten Motive musst du mit einem Vergrößerungsfaktor von 200% vergrößern, um die Originalgröße zu erhalten.

Mäuschen und Blumen

Seite 68/69

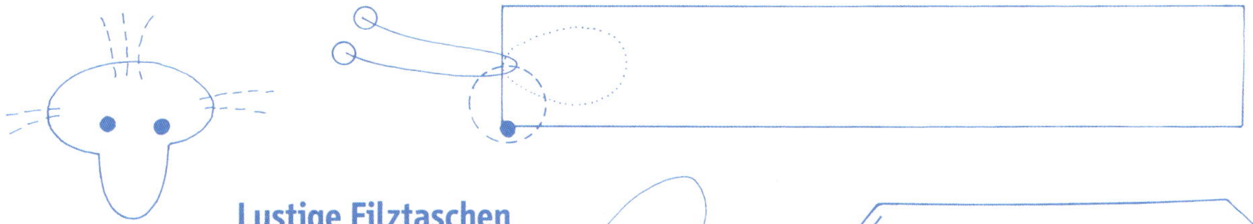

Lustige Filztaschen

Seite 66/67

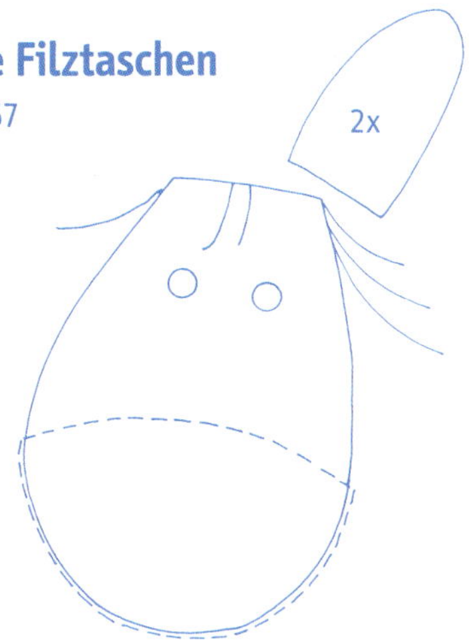

Mäuschen und Blumen

Seite 68/69

Es weihnachtet sehr...

Seite 70/71

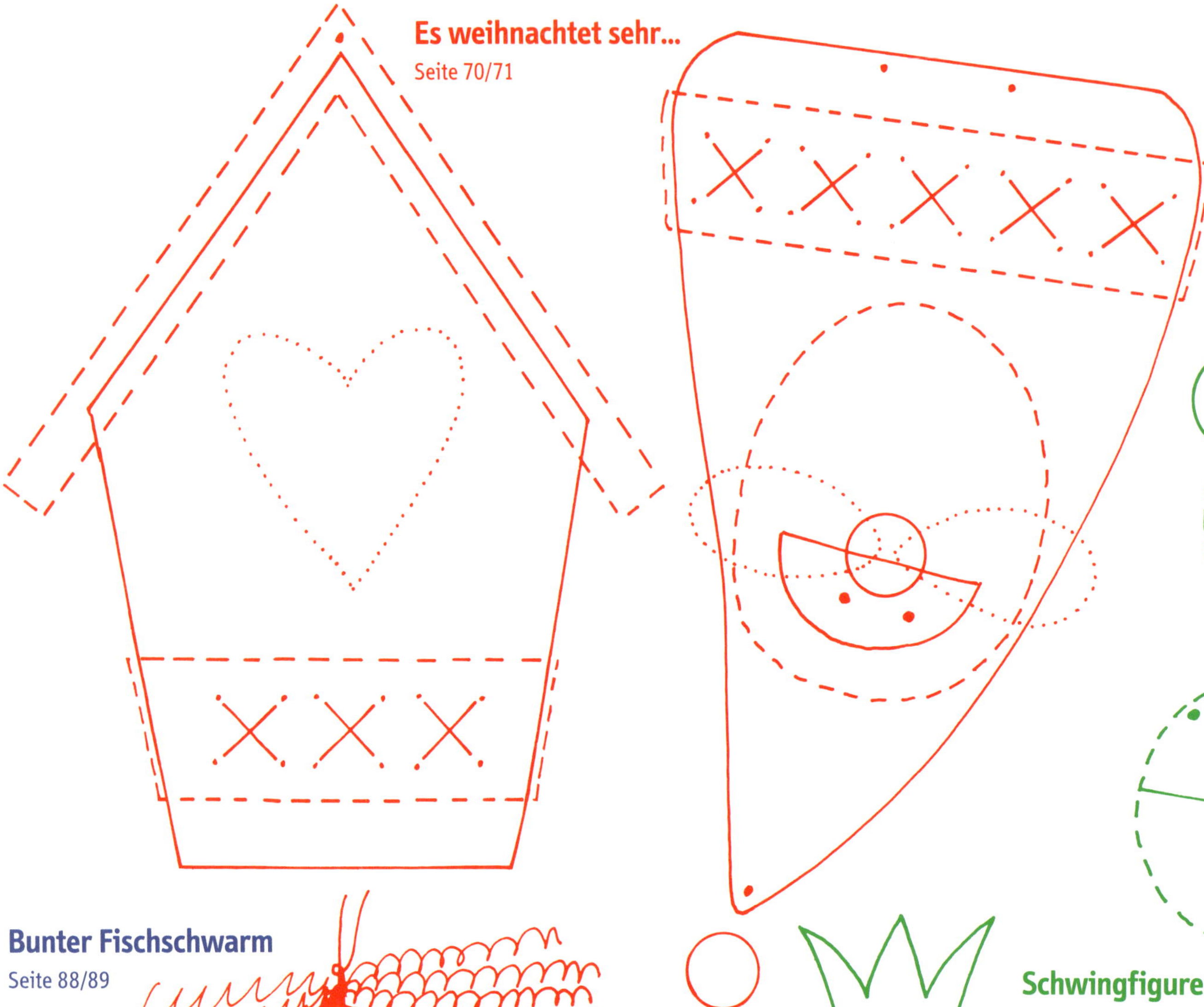

Bunter Fischschwarm

Seite 88/89

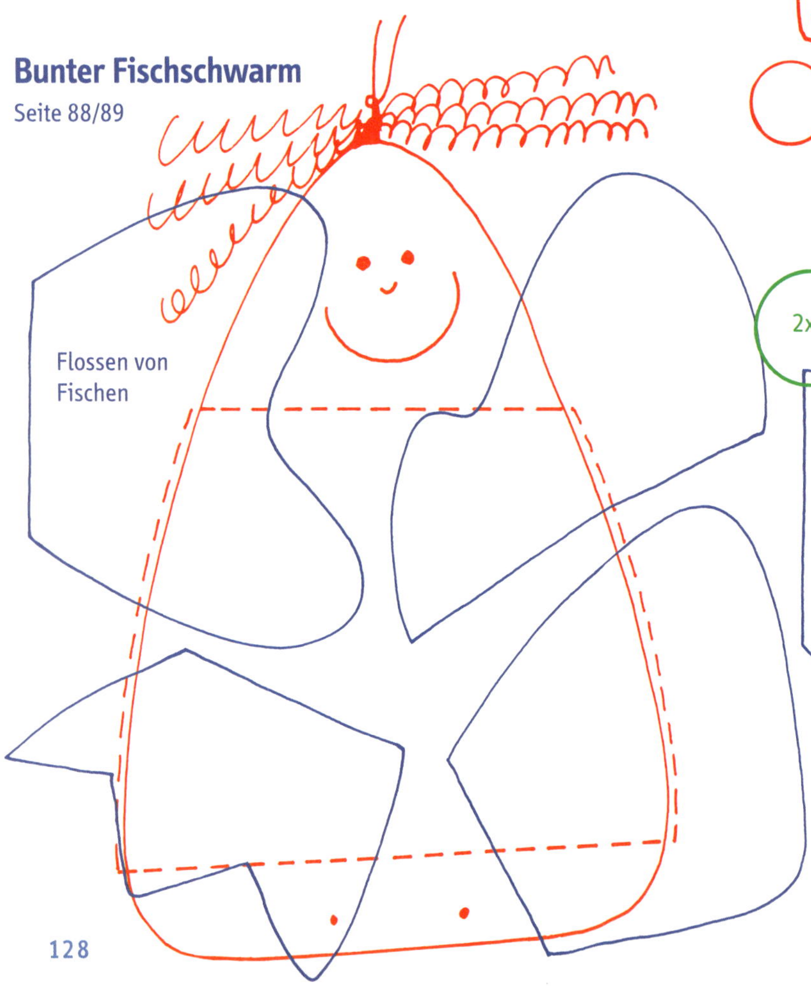

Schwingfiguren

Seite 58/59

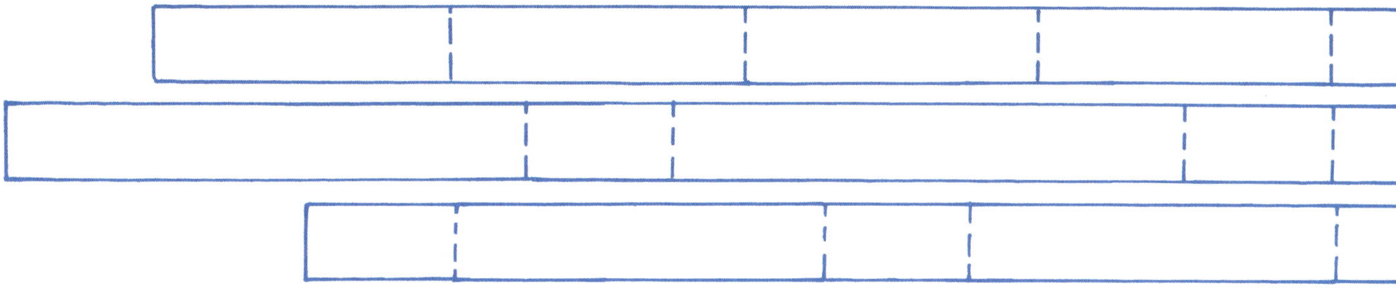

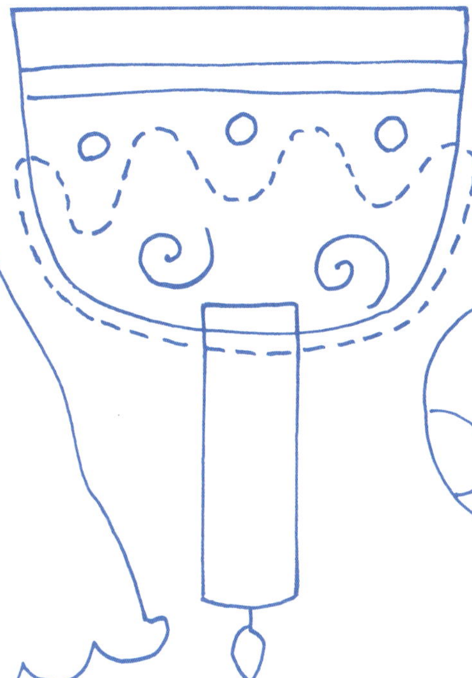

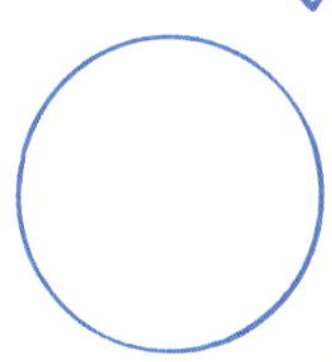

Pop-up-Karten

Seite 30/31

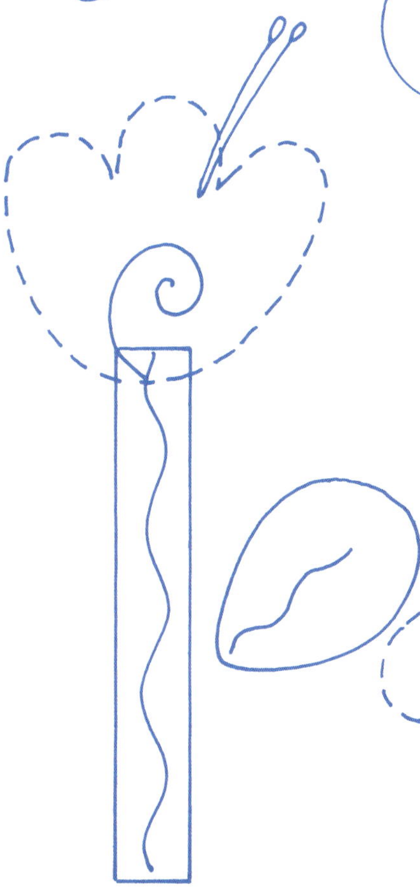

Alle auf dieser Doppelseite abgebildeten Motive musst du mit einem Vergrößerungsfaktor von 200% vergrößern, um die Originalgröße zu erhalten.

Bea vom Blocksberg

Seite 104/105

Katze Lissi

Seite 54/55

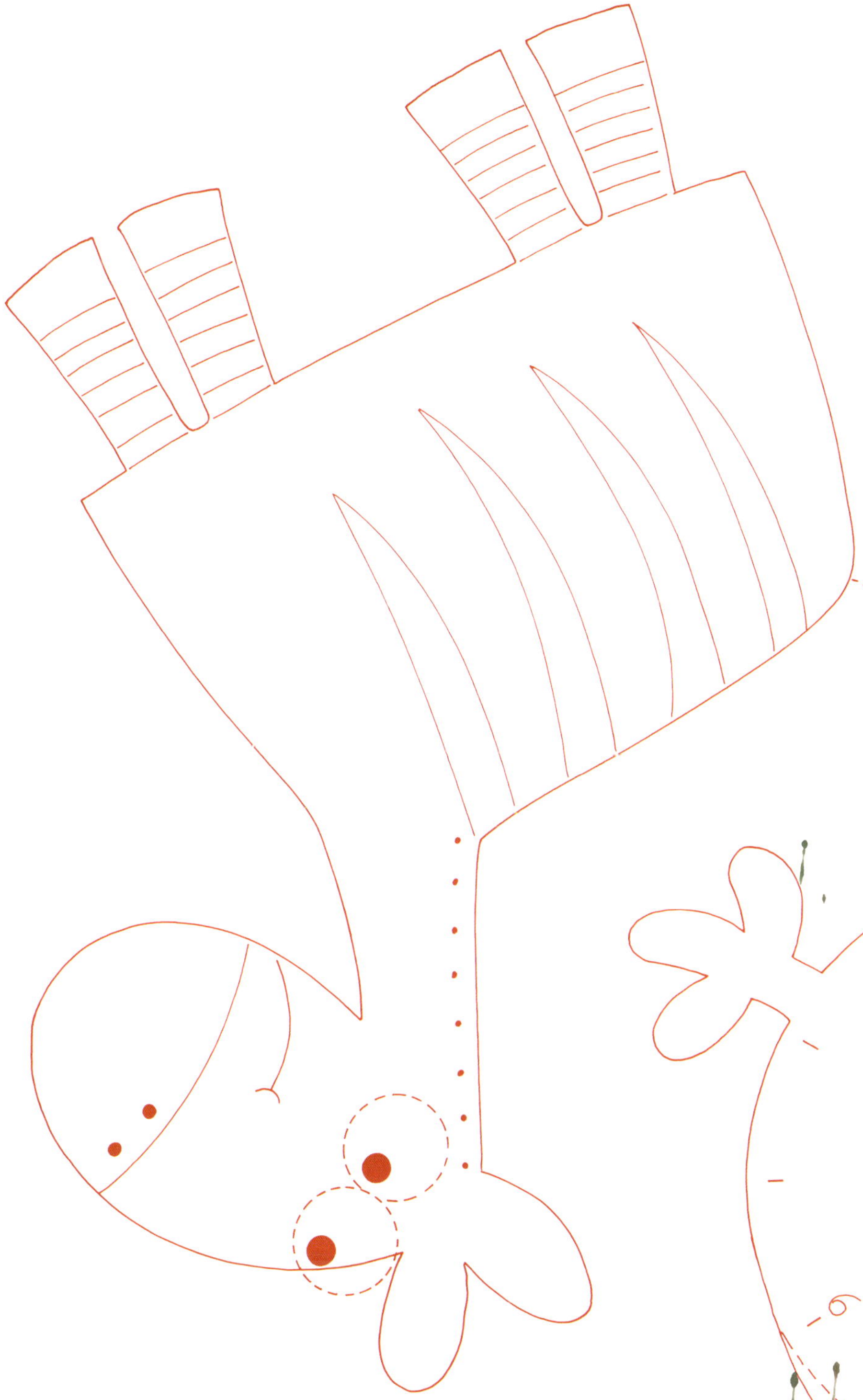

Zebra und Dino

Seite 56/57

Alle auf dieser Doppelseite abgebildeten Motive musst du mit einem Vergrößerungsfaktor von 200% vergrößern, um die Originalgröße zu erhalten.

Tiere im Dschungel

Seite 24–27

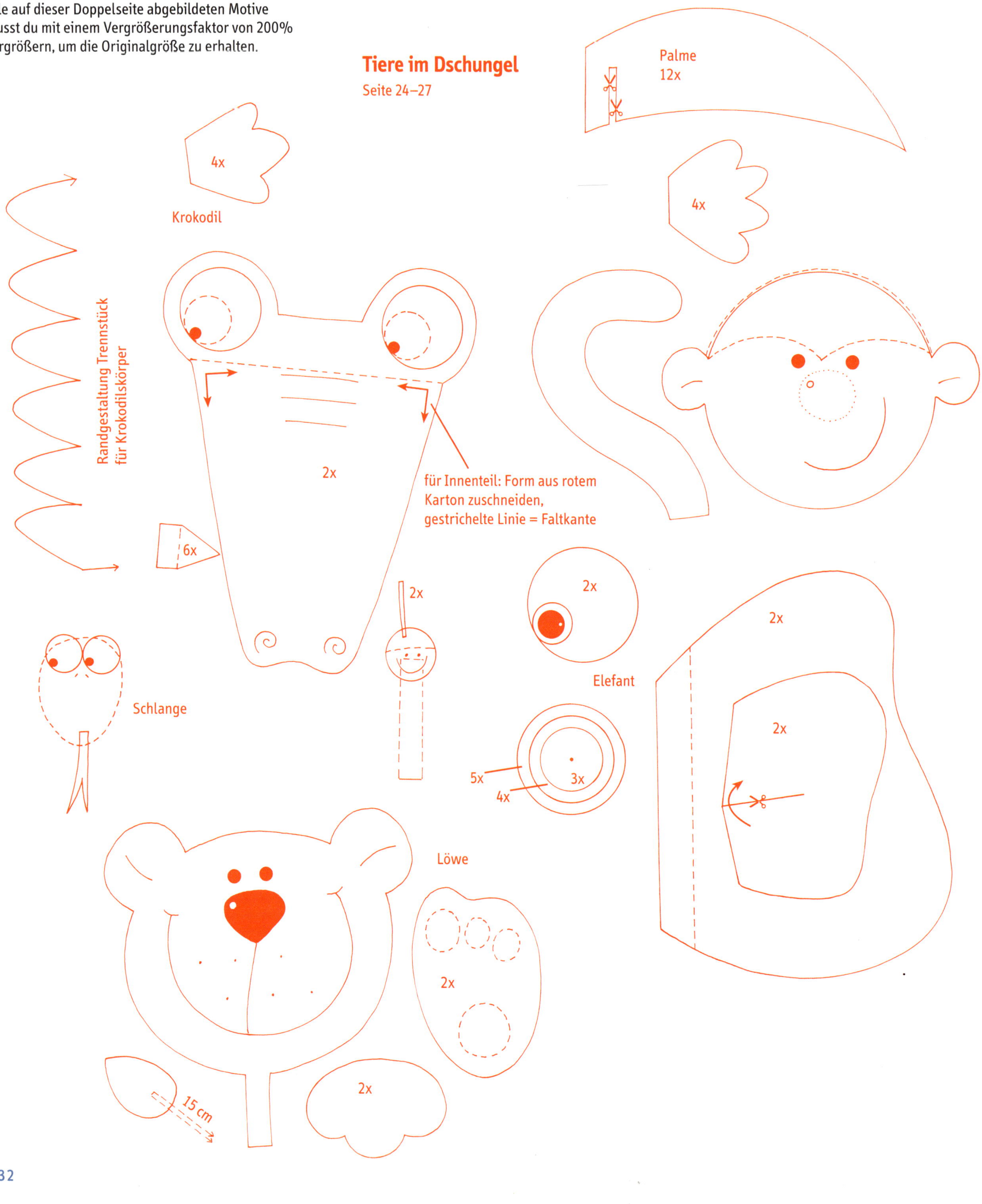

Pünktchen-Malerei

Seite 115

Clown Habakuk & friends

Seite 111

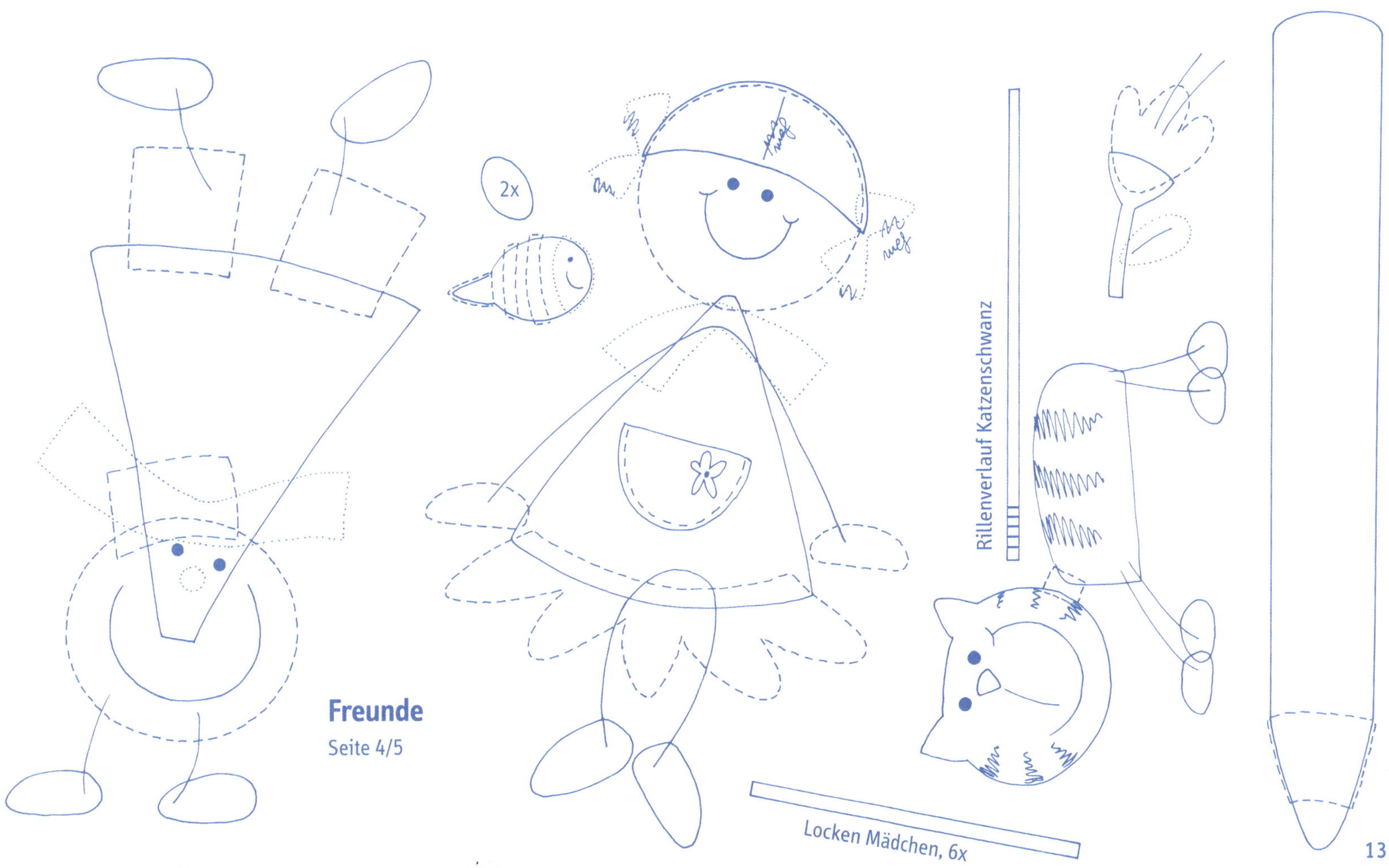

Freunde

Seite 4/5

Alle auf dieser Doppelseite abgebildeten Motive musst du mit einem Vergrößerungsfaktor von 200% vergrößern, um die Originalgröße zu erhalten.

Pünktchen-Malerei

Seite 115

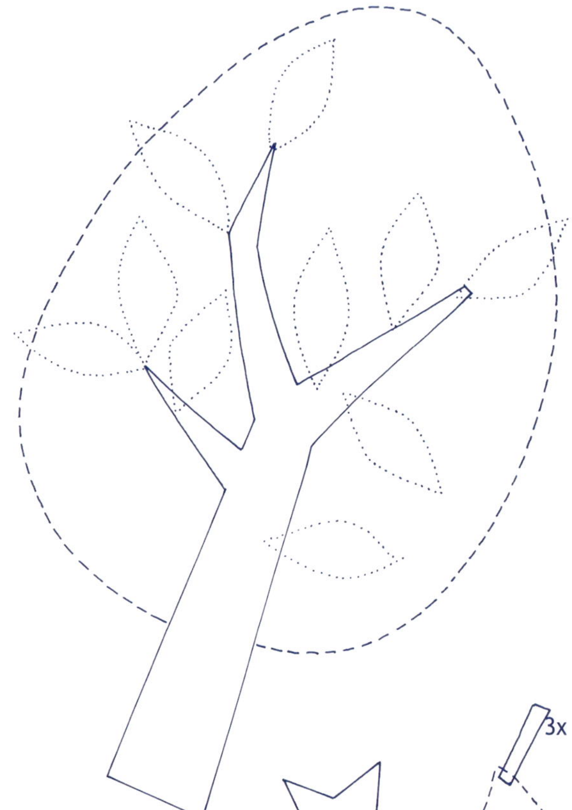

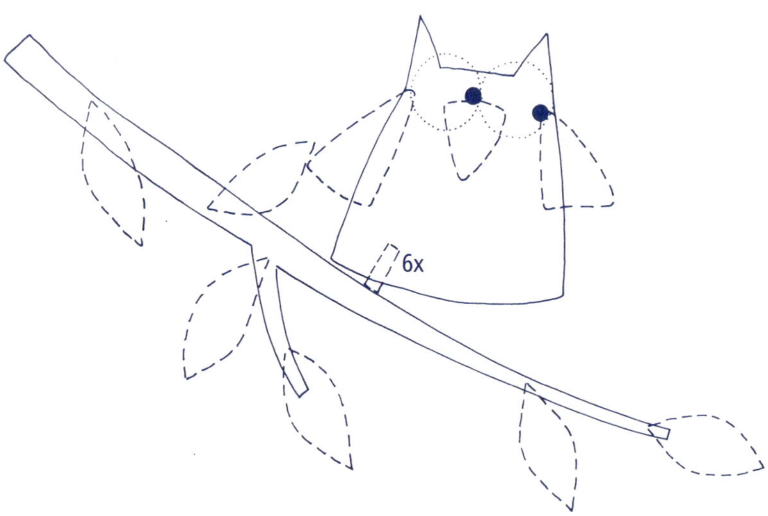

Stadt in der Nacht

Seite 118/119

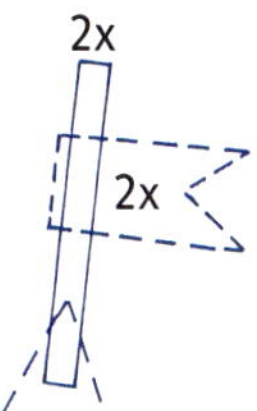

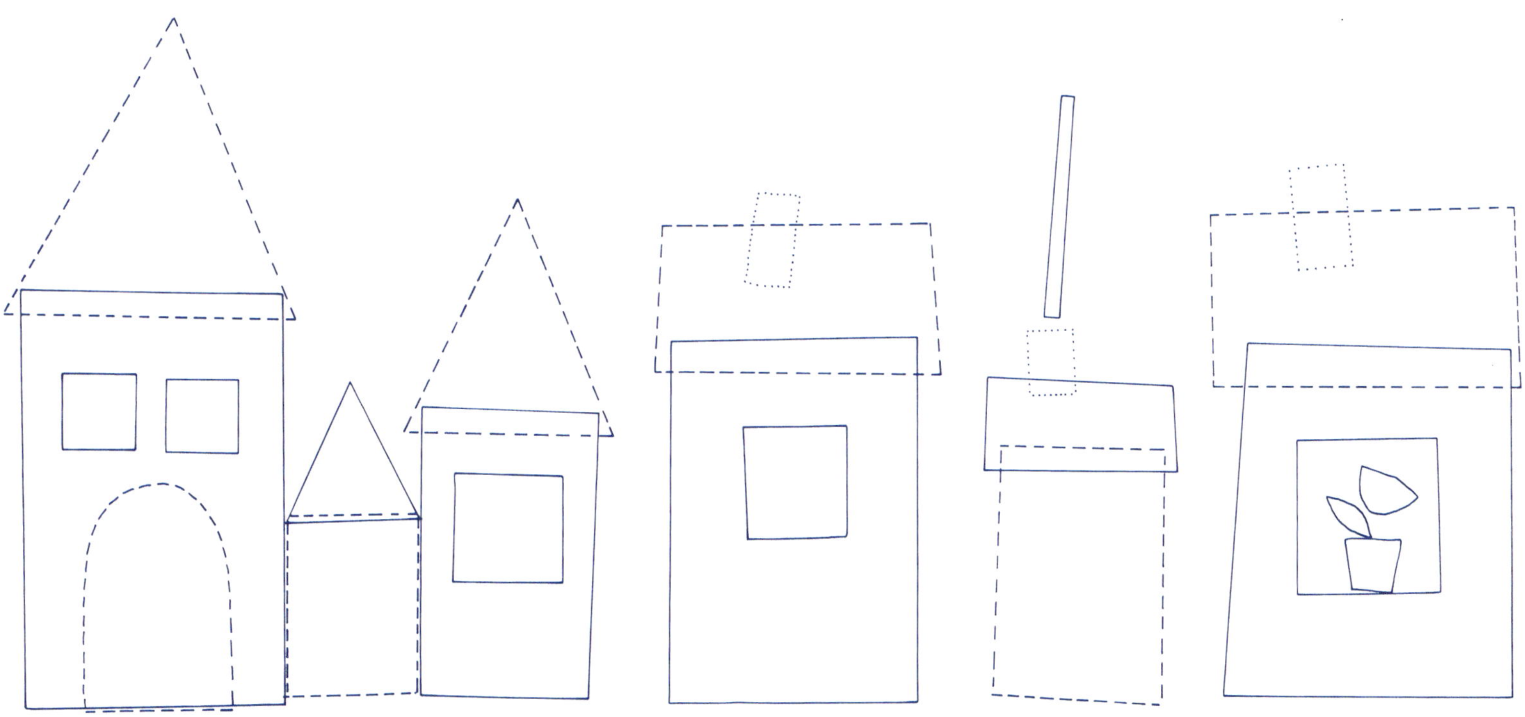

Witzige Klemmentinis

Seite 76/77

Tapetenkleisterkunst

Schilder Seite 102

Raben

Seite 42

Von Herzen

Seite 84/85

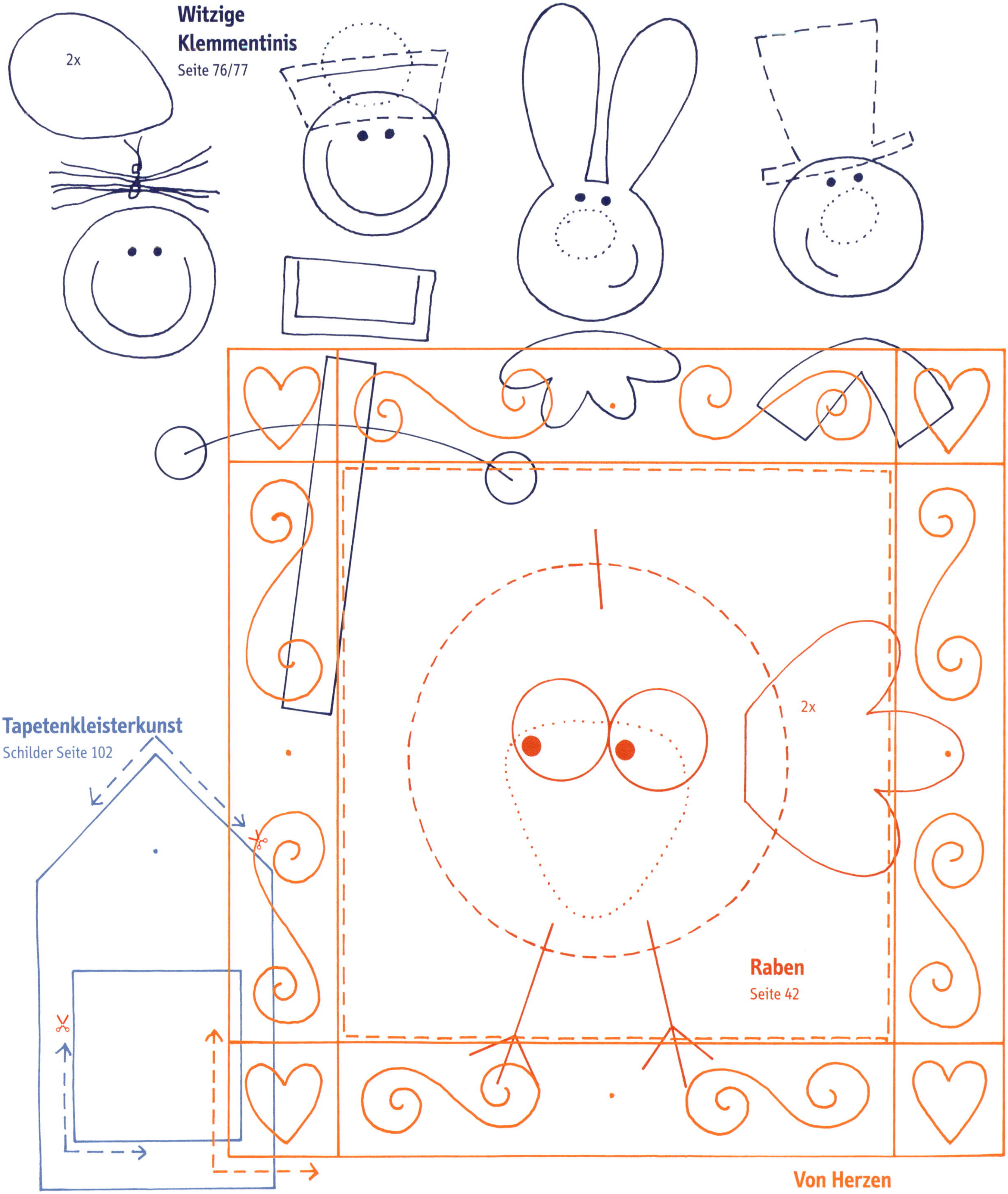

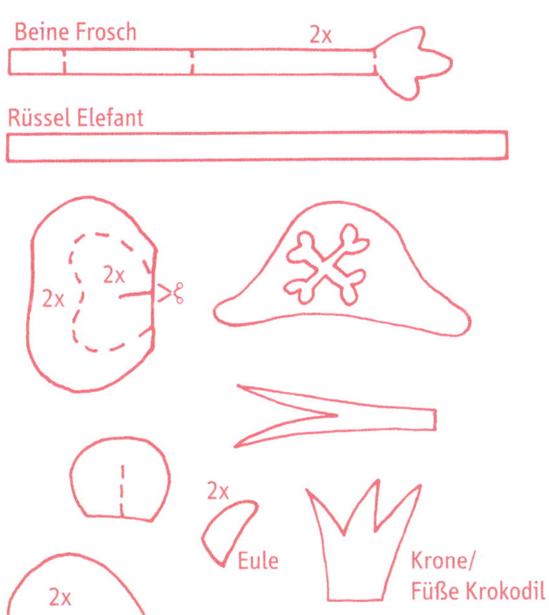

Erdnusskerlchen

Seite 46/47

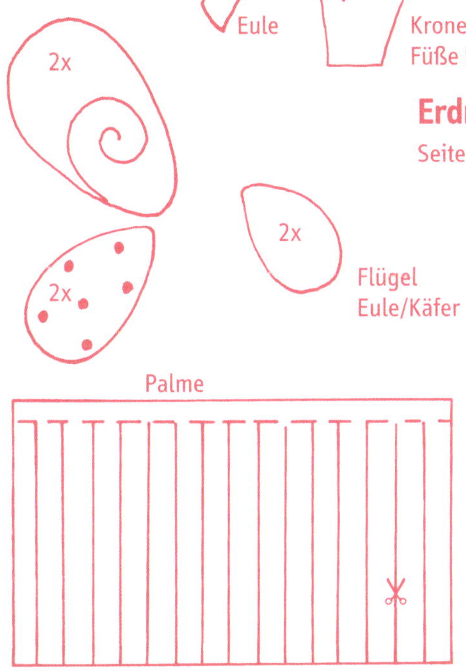

Grundform von Herz
und Stern auch für

Es weihnachtet sehr…

Seite 70/71

Von Herzen

Seite 84/85

Perlenmännchen

Seite 81

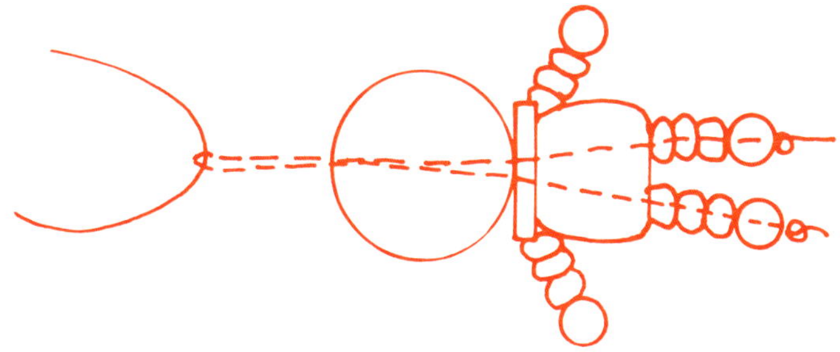

Bienchen & Co

Seite 90/91

Male dich selbst!

Seite 109

Großer Stempelspaß

Seite 112/113

Vögel und Blumen

Seite 41

7 x 7 – Der Geschenke-Blitzfinder

Für Mama

Für Papa

Für Großeltern

Für Schwestern und beste Freundinnen

Für Brüder und beste Freunde

Für Ostern

Für Weihnachten

Pia Pedevilla unterstützt burmesische Flüchtlingskinder

Ein paar Cent am Tag schenken Gesundheit und Hoffnung

Wenn ich mich an meine Kindheit erinnere, so sehe ich mich mit meinen Freunden durch Wald und Flur streifen, spielen, lachen, basteln und Träume schmieden für das Erwachsensein.

Ganz anders ist der Alltag für burmesische Flüchtlingskinder, die allein oder mit ihren Eltern aus ihrer Heimat fliehen mussten.

Burma ist ein wunderschönes Land in Asien mit unzähligen Tempeln in traumhafter Landschaft. Die sanften und liebevollen Burmesen sind mir sofort ans Herz gewachsen, besonders die Kinder mit ihren neugierigen Blicken und offenem Lachen. Aber es geht ihnen schlecht, denn in Burma gibt es seit vielen Jahren eine Militärdiktatur. Die Generäle, die das Land beherrschen, unterdrücken das Volk, lassen Dörfer niederbrennen, foltern und töten Menschen, auch Kinder. Viele Menschen verstecken sich deshalb im Dschungel. Dort haben sie kaum zu essen, keine Medikamente und natürlich auch keine Schulen. Oder sie fliehen in das reiche Nachbarland Thailand. Aber dort sind sie auch nicht willkommen und leben in Elend und größter Armut.

Die Flüchtlinge sind daher auf fremde Hilfe angewiesen, die sie von Hilfsorganisationen wie „Helfen ohne Grenzen“ bekommen. In den vergangenen sechs Jahren hat „Helfen ohne Grenzen“ entlang der Grenze im burmesischen Dschungel und in Thailand mehr als 40 Schulen finanziert. Damit wurde mehr als 5.000 Kindern eine gute Schulausbildung ermöglicht und die Chance auf eine bessere Zukunft gegeben.

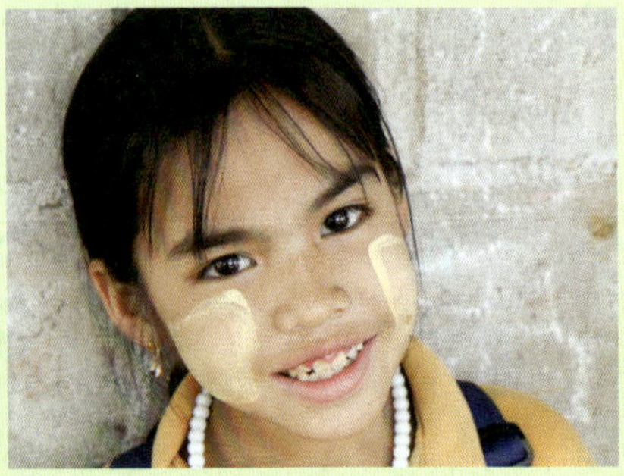

Burma-Mädchen mit traditioneller Gesichtbemalung aus zerriebener Baumrinde.

Pia Pedevilla und burmesischer Flüchtlingskinder, mit denen sie beim Besuch einer Schule der Hilfsorganisation „Helfen ohne Grenzen“ nahe Mae Sot, Thailand, gemalt und gebastelt hat.

Das kostet pro Kind nicht mehr als durchschnittlich 50 Euro im Jahr.
Aber die Zahl der Flüchtlinge nimmt von Tag zu Tag zu – es sind schon mehr als drei Millionen! – und noch zu wenige Menschen in Europa wissen davon.

Es ist mir deshalb ein Herzenswunsch, „Helfen ohne Grenzen“ nicht nur privat mit der Adoption einer Schule zu unterstützen. Ich möchte mit der Aktion „Obst und Milch“ auch andere auf das Leid der burmesischen Flüchtlingskinder aufmerksam machen. Zusammen können wir das Leben diese Kinder hoffnungsvoller machen.

Eure Pia Pedevilla

Aktion „Obst und Milch“ für burmesische Kinder

Ein Apfel oder anderes frisches Obst ist für burmesische Flüchtlingskinder und ihre Eltern unerschwinglich.

Viele burmesische Flüchtlingskinder essen nur einmal am Tag, oft nur Reis und Bohnen, Bohnen und Reis. Und immer mehr von ihnen dürfen überhaupt nicht zur Schule, weil ihre Eltern sie arbeiten, betteln oder Müll sammeln schicken.

Die Hilfsorganisation „Helfen ohne Grenzen“ hilft diesen Kindern, indem sie ihnen den Schulbesuch ermöglicht und ein gesundes Essen zubereitet und verteilt. Das sind Reis oder Nudeln und der traditionelle Eintopf mit Huhn oder Fisch, Gemüse und Eiern. So eine Mahlzeit kostet nur knapp 30 Cent, ein Betrag, für den man bei uns gerade einmal ein trockenes Brötchen bekommt. Dort reicht er für ein ganzes Mittagessen.

Mit der Aktion „Obst und Milch“ möchte Pia Pedevilla noch etwas mehr für diese Kinder tun, nämlich ihnen zusätzlich einmal pro Woche etwas Obst und 200 Milliliter Milch schenken, damit sie gesund aufwachsen. Das kostet pro Schulkind nur 15 Cent. Die Milch kommt in einem kleinen Trinkkarton und das Obst frisch vom Markt. Das können Orangen, Wassermelonen, Bananen oder Rambutans sein und zu ganz besonderen Anlässen die heiß begehrten Äpfel.

Jeder kann sich an der Aktion „Obst und Milch“ beteiligen, denn jeder noch so kleine Betrag ist willkommen. Schon mit wenig kann man an der thailändisch-burmesischen Grenze viel erreichen.

aiutare senza confini ONLUS – helfen ohne grenzen

Ein Strahl Hoffnung

Spendenkonto Deutschland
Helfen ohne Grenzen
Deutsche Bank, BLZ 500 700 24
Kto.-Nr. 477 21 33 02
Stichwort „Obst und Milch“

Spendenkonto Südtirol, Italien
Helfen ohne Grenzen
Raiffeisen Landesbank
IBAN IT 18 S 03493 11 600 000300044440
Stichwort „Obst und Milch“

Spendenkonto Österreich
Helfen ohne Grenzen
BTV – Bank für Tirol und Voralberg, BLZ 16 000
Kto.-Nr. 100 465 140
Stichwort „Obst und Milch“

SICHER SPENDEN 0105 www.spenden.bz.it

Der eingetragene Verein wurde 2002 in Südtirol von Benno Röggla gegründet. 2005 eröffnete ein Zweigsitz in Deutschland, 2006 in Österreich.

„Helfen ohne Grenzen“ hilft burmesische Bürgerkriegsflüchtlingen unabhängig von Religion und politischer Gesinnung an der thailändisch-burmesischen Grenze rund um den Grenzort Mae Sot, 500 Kilometer nordwestlich von Bangkok.

Jeder Cent fließt zu 100 Prozent, ohne irgendwelche Abzüge, in das vom Spender gewählte Projekt. Aufgrund der transparenten Vereinsführung wurde der Hilfsorganisation das Südtiroler Gütesiegel „Sicher spenden“ verliehen. „Helfen ohne Grenzen“ deckt seine Verwaltungskosten durch andere, zweckgewidmete Einnahmequellen ab.

Mehr über die Hilfsorganisation „Helfen ohne Grenzen“ unter:
www.helfenohnegrenzen.org

Pia Pedevilla mit den burmesischen Flüchtlingskindern San Myint Khin, Pyit Phyo Khaing, Win Thi Dar Khaing und Phyo Naung Naung aus Mae Pa (Thailand).

Pia Pedevilla, ladinischer Muttersprache, lebt in Bruneck (Südtirol/Italien). Sie studierte Kunst in Gröden und Werbegrafik in Urbino. Viele Jahre hat sie in der Mittelschule technische und Kunsterziehung unterrichtet. Heute leitet sie Fortbildungskurse für Lehrer und interessierte Erwachsene.
Seit Jahren ist sie im Bereich der Illustration und des Designs für Kinder tätig. Anfang der 1990er-Jahre hat sie zusammen mit dem argentinischen Cartoonisten Guillermo Mordillo mehrere Holzspielzeug-Kollektionen realisiert. Seitdem veröffentlicht sie Bastelbücher und entwirft Holz- und Stoffspielzeug, didaktische Spiele für Kinder im Vorschulalter, Lichtobjekte und Teppiche.
Im frechverlag sind zahlreiche Bücher über verschiedene Arbeitstechniken von ihr erschienen.
Mehr über Pia Pedevilla, ihre Arbeit, ihr aktuelles Kursangebot und neue Bücher erfährst du im Internet unter www.piapedevilla.com

Die Autorin dankt den Firmen Bähr (Kassel), efco (Rohrbach), Heyda (Hagen), KnorrPrandell (Lichtenfels), Rayher (Laupheim) und UHU (Bühl) für die Bereitstellung der Materialien.

IMPRESSUM

FOTOS: frechverlag GmbH, 70499 Stuttgart; lichtpunkt, Michael Ruder Fotografie, Stuttgart (Titelseite, Seite 24/25, 29, 31, 38, 42, 48, 58/59, 60/61, 70/71, 78, 84/85, 86/87, 116/117), Lorenzo Perego, Bruneck, Italien (Seite 14, 46, 90/91, 110), Franciscus Opdien, Genua, Italien (Seite 142, 144), Pia Pedevilla (alle anderen)

KONZEPTION, PRODUKTMANAGEMENT, REDAKTION: Monique Rahner

GESTALTUNGSKONZEPT: Pia Pedevilla, Bruneck (Italien)

GESTALTUNG: Dipl. Ing. (FH) Caroline Renzler, Rasen (graficbuero.it, Italien)

SATZ: Sophia Höpfner

DRUCK UND BINDUNG: APPL, Wemding

Überarbeitete Neuauflage von TOPP 5722

1. Auflage 2014

ISBN 978-3-7724-5716-6
Best.-Nr. 5716